マンゴーと手榴弾

― 生活史の理論 ―

岸 政彦

keiso shobo

マンゴーと手榴弾　目次

目次

はじめに 1
マンゴーと手榴弾──語りが生まれる瞬間の長さ 35
鉤括弧を外すこと──ポスト構築主義社会学の方法 63
海の小麦粉──語りにおける複数の時間 115
プリンとクワガタ──実在への回路としてのディテール 135
沖縄の語り方を変える──実在への信念 169
調整と介入──社会調査の社会的な正しさ 205
爆音のもとで暮らす──選択と責任について 279
タバコとココア──「人間に関する理論」のために 309

はじめに

本書は、生活史調査の方法論と理論について書かれた本である。私は、個人の人生の語りである生活史に基づいた調査を、次のように定義している。

生活史調査とは、個人の語りに立脚した、総合的な社会調査である。それは、ある社会問題や歴史的事件の当事者や関係者によって語られた人生の経験の語りを、マクロな歴史と社会構造とに結びつける。語りを「歴史と構造」に結びつけ、そこに隠された「合理性」を理解し記述することが、生活史調査の目的である。［岸二〇一六：一五六］

生活史調査は、人びとの人生のなかに実際に存在する、生きづらさ、しんどさ、孤独、幸せ、悲しさ、喜び、怒り、不安、希望を聞き取る調査である。それは、調査の現場で聞き取られた語りを通じて、その人びとはどのような歴史的状況のなかで、どのような社会構造のなかで生きてきたのかを考える。統計データや文書資料などの力も借りながら、特定の歴史的・社会的条件——私の言い方でいえば「歴史と構造」——のなかで生きている人びとの人生について考える方法である。

個人を通して社会を考え、社会を通して個人を理解する。私たちは、頼んでもいないのに特定の時代の特定の場所で生まれ、あらかじめ決められた狭い条件のなかで、それでもせめてよりよく生きようと、必死で暮らしている。生活史を聞き取ることで私たちは、私たちの人生のもろもろが、ひとりだけの問題ではなく、社会的な問題であること、あるいはまた、社会的な問題は、それぞれひとりひとりの人生のなかで経験されることに気づく。私たちは、歴史と構造によって、私たちの人生の多くの部分を規定されてしまっている。そういう意味で私たちはひとりきりではない。そして私たちは、そうした歴史と構造のなかで、それぞれ固有の人生を送らなければならない。そういう意味で私たちはひとりきりである。

このことを、生活史の語りは教えてくれるのである。

しかし、「語り」という概念は、あまりにも多くの意味づけをされている。そして、あまりにも多くのことを期待されている。それはしばしば、事実とは関係のないナラティブであるとか、ストーリーであるとか、自己の提示であるとか言われる。しかしそうすることでそれは、生活史を通じた人生の研究であるというよりも、語りそのものの、あるいはそれが語られる場における相互行為の研究になってしまった。

確かに語りとしての生活史は、そこから現実を描くことが、とても難しい。語りから直接世界そのものについて語ることは、超えてはいけない境界線を飛び越えてしまうことのように感じることもある。

しかし、この飛び越えは、実は語りそのものによってもたらされるものである。私たちは、語りを聞いた結果として、語りの外に出てしまう。対話を重ねることで、対話の外へ出るのだ。対話の外へ、「現場」へ。生活史が扱うのは、人びとの「実際の」苦しみや悲しみや喜びである。

人びとは実際に、それぞれの人生を生きている。人生はただのストーリーではない。

この本はおおよそ、このような問題関心から出発して、生活史調査においてなんとか現実を取り戻す方法を探ろうという試みである。この試みを私は、この三年ほど、集中しておこなってきた。そのあいだにさまざまなところで書かれた論文やエッセーのほとんどを、本書のなかに再録した。それぞれは個別の関心や動機にしたがって書かれた文章なのだが、並べてみると全体としてひとつの統一した「理論」のようなものになっていた。必要な箇所に修正や加筆を施し、こうしてここに、一冊の本になった。

本書では、生活史を使った実際の分析は、それほど多くない。むしろこの本は、生活史をつかって歴史と構造を分析するための準備である。脚注や参考文献の極端に少ない、いびつな、断片的な、論文なのかエッセーなのかわからない文章ばかりになってしまったが、とにかくこの本は何かの成果であるというよりも、ある特定の方法論に対する批判であり、新たな理論のための中間報告であり、そのための発想やアイディアの羅列である。そのように読んでいただければ、と思う。

この序章では、収録されたそれぞれの論文やエッセーがどのような内容なのかを紹介しながら、「生活史の理論」の全体を要約する。それぞれの章には章番号もなく、どこからどのように読み進めてもかまわない。

……で、私もケガしてですね。ここ、やられて。水飲んだら、こっち（喉）から水が出ましたよ。

――なんか、撃たれたかなんかですか？　弾で？

弾で。艦砲の破片で。喉。

（妻：よく生きたね（笑）。蛆も涌いていたみたいですよ。治るまでずっと蛆が涌いて。）

――もう薬もないし？

薬当然ないですよ。で、あの時のハエ、銀バエ、異常に発生していましたよ。だからこう、（傷口が）開いているでしょ。そのままにできないし、上着のボロ切れで巻いていたら、この臭いとか、この腐った臭いが、ハエがつくもんだから。この取る知恵もないですよ。やたらに喉は乾くしね。水飲んだらこっち（喉の傷口）から（水が漏れて）出てくるしね。

――途中で水とかはどうされていたんですか？

水飲み場がほとんど死に場ですよ。そこ集中砲火してますからね。だから、水飲みに行きながら倒れる人もいるし。井戸でやられている人もいるし。水汲んで、自分の家族のところに持っていきながら倒れている人もいるし。これ、水筒に入っている水、また横取りする人もいるし。

……だから、岸さん、あんたが大学の教授ですよね、あの、沖縄戦に、日本が被害者って思わないでください。加害者ですよ。

——そうです。

真珠湾のあの、テロが始まりですよ。日本なんかも、原子爆弾落とされた、なんとかって、もう被害者意識ですからね。もうこれも、教育によると思うんですけどね。

——うん。……その、親戚の方が一人ずつ亡くなっていくわけですか、途中

そうです。

――弱い方から？

歩けなくなる人。歩けなくなって、そのままです。道端に。

これは、昭和九年に那覇で生まれた男性の語りである。沖縄戦当時一一歳。親族とともに南部の激戦地を逃げている途中に、米軍の艦砲射撃の破片で怪我をし、喉に穴が空いたという。水を飲むと、その穴から水が漏れ出していた。傷口には蛆も涌いていた。

語りの途中で語り手は何度も何度も私の名を呼びかけた。

息子や娘、そして孫やひ孫たちの、大きく引き伸ばされて額に飾られた写真が並ぶ、自宅の居間で、お茶とコカコーラをいただきながら、沖縄戦と戦後の生活史が語られた。その語りのなかで、私は何度も、岸という固有名を呼ばれた。お茶と一緒に赤いコカコーラの缶を出されたとき、なんとなく沖縄っぽいなと思ったことを覚えている。

語りを聞いたあと、壁を覆い尽くす家族の写真を見ながら、ひとりずつ説明を聞いた。この息子はいまここで働いています。この娘はいまあの仕事をしています。この孫はこの大会でいい成績を出しました。この息子は最近結婚しました。このひ孫はついこのあいだ生まれたばかりです。

ナイチャーとして、日本人として、加害者として、何時間にもおよぶ生活史の語りを聞いたあと、那覇市の中心地からすこし外れたところにあるそのご自宅を後にするとき、車でホテルまで送ります、タクシーを呼びますと言っていただいたのを遠慮して、ひとりで大通りまでしばらく歩いた。そこは高台にあって、途中にあったマンションの駐車場がとても見晴らしがよくて、しばらくそこの日陰で涼みながら、那覇の街並みを眺めた。街並みの向こうには水平線が見えた。こういう時間もまた、聞き取り調査の一部である。

聞き取りとは、語り手との会話である。そしてその会話は、聞き取りが終わったあとも、いつまでも続く。聞き取りの「現場」は、ただはじめの一言から、最後の挨拶までの間だけ続くのではない。それは、事前のアポ取りや段取り、人からの紹介、挨拶回りから始まり、聞き取りが終わったあとも、お礼状や事前チェックのやり取り、書いた原稿の送付、あるいはただ電話をしたりメールをしたり手紙を出したり、何年ぶりかにお会いしてお茶を飲んだりという、聞き取りそのもののずっと後まで続くのである。こうした、長い長い「関わりの時間」を通じて、私たちは、語り手との間に、あるいは語り手が語った語りとの間に、ある「規範的な関係」を結ぶ。(「マンゴーと手榴弾」)

生活史の聞き取りはもちろん、こちらが一方的に質問をして、語り手がただそれに答えるだけ、というものではない。どのような語りがどれくらい語られるかということは、多くの場合かなり偶然に左右される。聞き手の経験、語り手の資質、そのときの体調や都合、あるいは天候にさえ左右されるのだ。特に聞き手の存在の意味は意外なほど大きい。どのタイミングでどのようなことを聞くか、という、聞き取りの中身についてもそうだし、そもそもどのようなルートで、誰によって紹介され、どのような立場で、どのような形式とスタイルで聞き取りの現場に臨むか、という事柄が、かなりの程度その聞き取りの中身を決めてしまう。

しかし、そういうことを踏まえた上でもなお言えることは、私たちは聞き取りの中身を、語り手と完全に対等に決めているのではないし、まして、その中身が恣意的に決定されるのでもない、ということだ。まず私たちは、何か聞きたいことがあってその場に行き、語り手と会う。語り手たちはそれほど私たちに関心があるわけではない。こんなことを聞きに来るひとはいったいどういうひとだろうという一般的な好奇心以上のものは、語り手にはほとんどないだろう。しかし私たちは違う。あくまでも、なにか知りたいことがあって、その場に行くのだ。私たちは、同和対策以前の被差別部落の暮らしについて、戦後の沖縄の労働力移動について、摂食障害当事者による自助グループの新しい方法について知りたいから、その場に赴く。あるいは、そういう場所で、そういう領域で生きてきた人びとの生活史を聞きたくて、その場に臨むのである。私たちは、聞き取りの進行や中身にかなり大きな影響を及ぼしながらも、それでもなお、「教えてもらう」ためにその場にいる。

聞き取りは、会話である。私は具体的な質問項目を何も決めずに現場に行く。細かい質問をあらかじめ決めてしまうと、一問一答の、つまらない語りになってしまう。だから何も決めずに、その場の会話にすべてを委ねるのだが、そのかわり、生まれた年や家族構成という、いちばん大事なことを聞き逃すことも多い。「お生まれは」「ご家族は」などの、最初に発する言葉がいくつかあって、語り手にお会いしてご挨拶と自己紹介をして、聞き取り調査の主旨や目的を簡単に述べたあと、最初の一言を発すると、あとは相手が漕ぐ舟にただ乗って、それが漂う方向に全てを任せる。最初の一言に続いて、語り手が何かを語る。聞き手はそれを聞いて、次の質問をする。あるいはただ、へえとか、ほうとか、そんなことがあったんですか、ということを言う。そしてまた語り手は何かを語る。それについて聞き手はまた、次の質問をしたり、相槌を打ったり、あるいはただ黙ってうなずく。笑ったり、泣いたりすることもある。予想外のことを聞いて驚いたり、あるいは受け入れられない話を聞いて内心複雑になったりする。逆に語り手から質問をされることも多い。気がつくと二時間も三時間も経っていて、最初の一言は次の一言を生み、それがさらに次の語りにつながって、いつのまにか戦後の沖縄の、七〇年とか八〇年という時間が、そのなかで流れている。語りのなかに複数の時間が流れている、ということによって、その折りたたまれた人生の語りが、ただの「ストーリー」ではなく、その間に流れた時間に「実際に」関わりのある何かである、という端的な事実が導かれる。語りのなかでは実際に数十年という時間が流れる。そしてその時間を過ごした語り手が、いま私たちの目のまえに座って、穏やかな笑顔で穏やかに、その時間について語る。その語りを聞くとき、私たちは、その時間が実際に流れたこと、その時間のなかで生じた出来事がほんとうにあったことを知る。語りのなかではすべてが実在しているのだ。（「海の小麦粉」）

私たちが、語り手やその語りとのあいだに「規範的」な関係を結ぶというのは、どういう意味だろうか。まず、聞き取りは会話だ。私たちは、ひとつの発話に次の発話を重ねて、お互いに順番にひとつずつ言葉を交わしていくうちに、語り手が過ごしてきた七〇年や八〇年という時間のほんの一端を共に垣間見る。聞き取りが終わったあとに語り手から「昔のことが思い出せてよかった」と逆に感謝されることも少なくない。生活史の聞き取り調査のあいだに流れる時間は、そのとき「実際に」流れているのである。

この時間を、小さな言葉をやり取りしながら、私たちは共に過ごすのだが、そのとき交わされる言葉たちは、ひとつひとつは小さく軽いものであっても、どんどん積み重なって、数十年分の重みを持つ。語り手が語る言葉のひとつひとつが、私たちに対する呼びかけなのだ。先にあげた聞き取りのように岸さんという固有名を呼ばれなくても、すべての聞き取りでの語りは、何かを呼びかけている。何かを主張して、何かを聞いてもらいたがっている。いま語られていることは本当のことだと、実際にあったことだと、世界と何らかの形で関係しているのだということが主張されているのだ。聞き手も何か適当なお話をしてくださいとお願いしているわけではないし、語り手も何か適当なお話をしているつもりで喋っているわけではない。あなたの生い立ちや人生を教えてください、とお願いして、語り手もそれを受けて、自分の生い立ちや人生について語っているのである。そのなかには、にわかに信じがたいもの、思い込みや勘違い、虚偽や誇張が含まれるかもしれないのだが、そういうものが含まれていてもなお、そこで語られている人生の物語は「全体的には真」である。語りは、切れば血がでる。

そのような主張を持つ言葉たちを受け止め、こちらも言葉を差し出すことを繰り返していくうちに、私たちは何かに引きずり込まれていく。私たちは徐々に、語りの「内容」にコミットしていくのである。そのとき私たち聞き手には、ある「責任」が生じる。あの語り手は、岸さん、岸さんと何度も私の名を呼びながら、日本人は加害者であると言った。私はそうですと答えた。私はたまたまその信念を共有していたのだが、この文章を書いているいまでもそのことを事実であると、実際にそうであると思っている。それは単なるそういう話法、ストーリー、ナラティブ、リアリティではない。聞き取りの現場で「そうです」と頷いた後に、ひとりで研究室に戻って、あれは語りだった、ストーリーだったと述べることはできないのだ。これは倫理的であると同時に論理的なことでもある。(「鉤括弧を外すこと」)

語られたエピソードが「実際にあったこと」であると述べるからといって、それがそのまま、道端に転がっている小石のようなものと同じ意味で実在していると言っているのではない。そうではなく、私たちは会話を重ねることで何らかの規範的な関係性のなかに組み込まれていくのであり、そしてそうすることで、語りをそのように「扱わざるをえない状態」へと引き入れられるのである。これは素朴な実在論ではなく、「約束としての実在論」である。

だからむしろ、このように言えるかもしれない。約束してしまったあとでは、語りのなかで語られていることは、道端に転がっている小石のように、実在しているのだ、と。

私たちは、道端の小石のような物語を書く。語り手とのあいだで何度も何度も短い言葉をやりとりしながら私たちは、私たち自身の「理論」を作り変え、たくさんの微調整を繰り返して、何らかの「理解」のようなものに近づいていく。私たちが生活史やエスノグラフィーでひたすら微細なディテールを描くのは、この相互的な微調整を、読み手とのあいだで再現するためだ。語り手とのあいだの対話で聞き取った語りを、こんどは私たち書き手が読み手に対して語らなければならない。書き手はしばしば、聞き取りの現場で強く心に残ったエピソードを選んで書く。語り手とのあいだで達成された理解を、読み手とのあいだでもういちど達成するために。私たちは、調査や研究という「場」に入っていくことで、たくさんの語り手や読み手との、あるいは他の書き手たちとのあいだに、何度も繰り返される会話に参加する。そこには傍観者はいない。聞き手／書き手は、語り手とのあいだに結んだ規範的な、規約的な関係を、こんどは読み手たちとのあいだに構築しようとする。語り手から固有名を呼ばれ続けた私は、読み手に対して、こんどは固有名ではなく固有のディテールを使って呼びかける。日本人があの戦争で何をしたかを語り継ぐために。

一九四八年、沖縄県伊江島で、米軍のＬＣＴ（上陸用船艇）が大規模な爆発事故を起こした。

島内に野積みされていた大量の不発弾を島外へ運び出す作業をおこなっていたのだが、この砲弾が船内で荷崩れを起こし、爆発して炎上したのだ。港に居合わせた定期船の乗客にも多数の犠牲者が出た。結果的に、住民一〇二名が亡くなる大惨事となった（『沖縄タイムス』二〇一七年五月一七日）。

一九三八年に伊江島で生まれた当時十歳の女性が、生活史の聞き取りのなかで、この事故について次のように語っている。

……そして、伊江島というと、いろんな米軍にまつわる事件、事故があるんですけれどね。忘れられない。戦後三年くらいして、ＬＣＴという船の事件があったんですね。あれは、悲惨でしたね。

――それはどんな事件だったんですか

この船で爆弾弾薬などを乗せている船に、船が爆発したんです。ちょうど連絡船が入ってくる時間に、このＬＣＴが爆発して、一二〇名くらいの方が亡くなった。とにかく多くの方が亡くなったんですね。それに、私の父親も乗っていたんですよ。

なんか、うちの父親はとても霊感があるといいますか。面白いことがあるんですよ。例えばこの（戦争中の）疎開のときも、ちょっとでも疎開するの遅れたら家族全滅だけれど、うちの父親は、決断して、すぐ船で本部《もとぶ》へ（疎開した）。

このＬＣＴ事件のときも、この船（連絡船）に乗っているんですけれど。弟が病気でしたからね。一番末の弟。それで、リンゴを買いに行っているんですね。那覇まで。

それで、リンゴを買って、早くあげなきゃいけない。船が（港に）着かない前に飛び降りて、この鎖でやっていますでしょ。そのときに、船はまだ接岸しないけれど、（海に）飛び降りて、無事だったんです。そういう、あのときに悲惨な事件がありましたよ。

私もちょうどあのときに、姉二人と三名で買い物を。海の近くじゃないけれど、海から二〇〇、三〇〇メートルくらい離れたところで買い物をしている帰りで、（爆風で）姉もけがしましたけれどね。かすり傷でしたけれど。

そしたら、いとこが、私のいとこが、お母さんが（連絡船に乗って）行っているから、迎えに行ったんです。行ったら、親子とも爆死。本当に大変な風景でしたって。このいとこは、もう内臓飛び出し、抱えて、助けて、助けてって言って、泣いているんですって。

また別のお母さんは、お母さんは息絶え絶えやって、自分の子どもだけを抱いてやっている姿とか。

もう恐ろしい、本当に恐ろしい地獄絵だったそうですよ。ＬＣＴ事件とか、大変な事件がありましたよ、いろいろと。

――それは、軍の船の事故だけれども、伊江島の一般の方々も、たくさん犠牲になっているんですね……

（軍用船も民間船も）港一緒ですからね。軍港と言ってはないし、みんな一緒ですから。爆薬を積んで。それも、ジープでとにかく入っていく人がいて、その人のタイヤと信管が当たって爆発したという話でしたけれどもね。船のもろとも、みんななくなりました。犠牲になる人はいっぱいいいたはずですよ。

一九三六年生まれの別の男性は、私の聞き取りのなかで、偶然同じ事件に触れてこう語っている。

……もう一つね、終戦後、いま思い出したんだけど、びっくりしたのは、自分の村から、あの本部、渡久地っていうところに行く途中にね、あの上本部《かみもとぶ》っていう、いま合併して本部町ってなっているけど。

そこは、道から、県道から見えるくらい、二、三百メーターぐらい離れたところに、あの、飛行場。仮の飛行場のね、友軍の。

そこに爆弾、空から落とす爆弾、何百っていう、何千だったと思いますよ。二段三段重ねでずーっと並んで、置かれてるんですよ。

それをやっぱり戦後の処理として、アメリカーが船で渡久地《とぐち》港から伊江島に運んでいく。伊江島の基地の方に運んでいって。そしたら、何艘目かはわからんけれども、自分たちの村でも聞こえるような、ものすごい音がするわけ、ボーン、ボーンっていう。いわゆる、伊江島についたときに、そこの砲弾が一つ転がって爆発してしまって。そしたら、船に積んである、残りのあれも、もうボーン。

――大事故。へぇ

もう、一晩中続いたと思いますよ。

――それ、聞きました？　聞こえました？

はいはいはい。聞こえますよ。

――ああ。そうですか

ものすごい。だから、もちろん、そこで働いている人も、一般住民も犠牲になっていますよ。だからいろんな、戦後の爆弾とかというもの、処理するためにね、大変の作業だったはずよ。命がけの作業だね。

言うまでもなく、ディテールというものはいつもあやふやで、間違いを含んだ、頼りないものだ。たとえばこの二つの語りでも、おなじ事件のことが言及されているのだが、たとえば犠牲者の数（一〇二人か一二〇人か）や、砲弾を運んだ方向（伊江島から外に運び出したのか、それとも伊江島に運び込んだのか）において、ささやかな食い違いが生まれている。

この「間違いを含んだ語り」をどう考えるべきだろうか。おそらくこれまでの生活史の方法論では、これらの食い違いはそれ自体が「複数のストーリーの豊穣さ」であり「現実の多様性」であると解釈されていた。それは本当に起きた出来事からは一旦切り離され、世界の複数の語り方として理解されていた。

沖縄の戦争や戦後の生活史を聞き取るときには、語りに登場する歴史的な事件や出来事については、そのつど事実関係を調べながら文字起こしと編集をおこなう。そしてその際に、上記のようなささいな間違いが含まれていることは、とても多い。語りそのものを書き換えることはしないが、必要なら事実関係についての注釈をつけることもある。

そして、そのような作業をおこないながらいつも思うのは、むしろ逆に、人びとの語りがいかに歴史的事実と「合っているか」ということである。この二つの語りはそれぞれ、実際の事件の、ほぼ正確な描写になっている。不発弾の処理、米軍の上陸船艇、島の連絡船、荷崩れ、膨大な数の一般市民の犠牲者。

さらにそれだけではない。リンゴ、たまたま海に飛び込んで助かった父親、買い物をしていた姉、いとこの内臓、子どもを抱く瀕死の母親、後に合併して本部町の一部になった上本部、「一晩中続いた」音。これらのディテールが、この事実の叙述に付け加えられ、私たちは語りを通じて「その場に居あわせる」のだ。

さらに、この二人の語り手は、お互いがそこに同時に居あわせたことを知らない。別の日に別の場所で語られた二人の生活史は、この一瞬だけぴったりと重なるのである。別々の日に別々の場所で生まれた二人は、この一瞬、まったく同じ音を聞いている。二人の生活史はこの瞬間だけ重なり合って、そしてすぐ次の瞬間には別れ、二人はまったく異なる人生の道を歩んでいく。そして、幾多の偶然によって私と出会い、この爆発事故の記憶を語ったのである。

生活史は事実である。それは、いくらかの間違いや誇張や、場合によっては意図的な嘘を含みながら、それでもやはり、そこで語られていることの大半は、事実である。それは実際に起きた出来事なのだ。それが実際に起きた出来事であるからこそ、私たちはリンゴ、たまたま海に飛び込んで助かった父親、買い物をしていた姉、いとこの内臓、子どもを抱く瀕死の母親、後に合併して本部町の一部になった上本部、一晩中続いた音というものに、そしてさらに、二人の話者がお互い気づくことなくその場に居あわせたという事実に、心打たれるのである。そこに間違いが含まれていることは問題にはならない。むしろ、事実というものは、本来的に間違いを含んでいなければならないのである。間違えることができなければ、正しくなることもできないのだ。

この意味で、質的調査で描かれるディテールは、「リアリティの複数性」を謳いあげるためではなく、私たちの記憶や経験や語りが世界とつながっていること、それが実際に起きた何かを伝えるためのものであること、そして何よりも、それを実際に経験した人びとがいて、そしてその人びとが語り手としていま目の前に存在し、ゆっくりと人生の物語を語っているのだという、いくつにも折り重なった「事実」を、最後の受取り手である読み手に手渡すためのものである。したがって、語りにおけるディテールとは、実在への回路なのだ。(「プリンとクワガタ」)

もちろん、私たちの信念や判断がいくつかに分かれるということはある。信念や判断は、常に複数ある。時にはその複数性は、修復不可能なほど広く、深いものであることもある。しかし世界はひとつしかない。私たちは世界の外側に出ることができないとしたら、どうやって他なる世界が存在することを知るのだろうか。私たちは、私たちが閉じ込められているこの世界のなかで生きていくしかない。そして、私たちは、世界が実在するのだという日常的な信念のもとで、その世界に関するさまざまな事柄を語っているのである。(「沖縄の語り方を変える」)

私たちは、すくなくとも自らが語るときは、実在する世界についての信念にもとづいて語る。

事実かどうかを判断できない、単なる「ストーリー」を語ることはほとんどない。ところで、「語り手に寄り添う」ということが、生活史の方法論ではよく言われる。これはどちらかといえば、多様な物語、多元的な現実を「そのまま受け入れる」という意味で使われることが多かった。しかし私たちは、純粋な願望を表明したり、あるいは直接的に命令したり、などの場合を除いて通常の会話では必ず、何らかの実在にコミットして語る。これは「文法的」な問題である。この場合、語り手に寄り添う、ということは、どのようなことだろうか。事実性を無視して単なるストーリーとして扱うことだろうか、それとも、その事実性を受け入れて、ほんとうに起きた出来事として聞き、さらに、事実関係において誤りが生じた場合にはそれを訂正するという態度だろうか。

ドナルド・デイヴィドソンは、言語というものは存在しない、と言った［デイヴィドソン 二〇一〇：一四二－一七一］。より正確にいえば、哲学者が思っているような意味での言語は存在しない。それは、自己と世界との間にある眼鏡のような、スクリーンのようなもので、私たちはそれを学習して、体得して、内面化して、それに従うような、外在的な体系だと考えられてきた。それは自己からも世界からも独立していて、自己と世界との間に存在して、それ独自の機能を主張している、と。

しかし、デイヴィドソンは、言語はそういうものではない、そういう意味での言語は存在しない、と言う。世界と自己とのあいだには何もないのだ。だから彼は、互いに翻訳不能な「世界観」としての概念枠という考え方も否定する［デイヴィドソン一九九一：一九二－二一二］。それでは、「分かりあう」「理解する」ということは、どのようなことなのだろうか。それは、複数の異なった概念枠や世界観が一挙に融合することではなく、細かな言葉を果てしなくやりとりしながら、お互いがもつその場の「当座理論」を相互に微調整していくプロセスである。

生活史や質的調査の方法論は、長いあいだ、「ストーリー」という概念を中心にして組み立てられてきた。それは実在と切り離された、語り手と世界との間に横たわるなにものかである。ここでデイヴィドソン的に言うことが許されるなら、こうなる。ストーリーというものは存在しない。すくなくとも、一部の社会学者が考えてきたような意味での、私たちと世界を隔てるものとしての、あるいは、私たちと世界とを媒介するものとしてのストーリーなるものは、存在しない。デイヴィドソンは、私たちは「目を通して」世界を見るのではなく、「目で」見るのだ、と述べている。同時に、「言語を通して」世界を知るのではなく、「言語で」世界を知るのだ。それは「公共的な感覚器官」のようなものだ。沖縄戦直後に、多数の犠牲者を出した軍用船舶事故は、実際にあった。語り手も、そういうことがあった、ということを、その語りによって私たちに伝えている。世界と切り離された「ストーリー」というものを「使って」なにごとかをなしたわけではない。ただ、そういうことがあったのだ、ということを、彼女たちは私たちに伝えたのである。

私たちは、私たち自身が身につけた知識や理論を使って、この語りを解釈する。私たちは、ある時代のある場所で、そういう出来事があったのだ、ということを、この語り「で」知る。そして、その出来事にどのような意味があったのかについて考える。

このように言い換えてもいいかもしれない。私たちが書くべきことは、『沖縄戦とは何か』がどのように語られたのか」の分析だろうか（もちろんそれはそれでとても重要な研究プロジェクトになりうる）、それとも「沖縄戦とは何か」ということだろうか。私たちは、鉤括弧を増やすのではなく、減らす方向で考えたほうがよいのではないだろうか。

リンゴを息子に届けるために海に飛び込んだ父親という「ストーリー」は、自己の提示のために、あるいは新たなナラティブの開発のために、あるいはユニークな文化政治のために「利用された」のではない。それはただ、そういうことがあった、ということを伝えているのだ。そして私たちは、語られた出来事について、私たち自身の固有の権利において、その語りを例えば自己、物語、政治の機能という観点から解釈する。そして私たちは、そういう語りを語った語り手が実際に存在して、そしてある語りを語ることで、自己や物語や政治が語られたのだ、ということを語る。そのように語られた、という出来事が、実際に存在したことを伝えるために。私たちが語りの場で生じた出来事を語る語りも、やがて他の人びとによって理解され、解釈されていく。

私たちはストーリーを聞くために調査をしているのだろうか。何か、沖縄や部落や医療や貧困や家族についての、歴史や人生についての、特定のことを聞こうとして調査をしているのではないだろうか。私たちは、何が語られているかを抜きにして、ストーリーだけを聞くことができるだろうか。あるいは逆に、私たちは、何か特定のことを抜きにして、ストーリーだけを語ることができるだろうか。

生活史の語りのなかに間違いが混じっていて、それを修正することが可能であれば、私たちは私たち自身の目的に従って、語り手とともにそれを修正していけばよい。沖縄戦後史上に残る大事故の犠牲者数が、正確に何人ぐらいだったかについての事実関係は、沖縄の人びとの生活史を考えるうえで、重要なことだと思う。だから、語りの中で語り手が間違って語っていたら、私たちは、ただそれを訂正すればよいのだ。そして、もしそれが、そのままの形ですでに語り手の生活史についてなにか大切なことを伝えるものであるなら、それはそのまま訂正せずに、私たち自身の理論枠組のなかで、解釈すればよい。

そして、もし修正することがそもそも不可能な語りや、あるいは単純な理解も分析もできないような語りなら、私たちは、それらがただこの世界に実在することの不思議な美しさについて、語ることができるのである。

もちろん、たとえば中野卓における「オイナリサン」の語り［中野 一九七七］のように、素朴に実在するとは思えない語りについては、否定しないまでも、その実在性を保留する、ということはありうる。しかしその場合でも、その語りは、世界のなかでいかなる位置も占めないということはない。私たちはその語りや「ストーリー」を、その語り手の人生全体と関連付けて考える。あるいは、その人生全体を、その語り手が生きてきた歴史と構造のなかに位置付けて考えることもできる。それは、語り手の語りを受け継いで、私たちなりのやり方で会話を続けていくことと同じである。

ところで、語り手の人生というものは、どこから知りうるのだろうか。もちろん「完全に」それを知ることはできないにしても、もし私たちがある程度は人びとの人生について知りうるとしたら、それは、語り手の語りからでしかない。そこからしか、私たちはひとの人生を知ることはできない。私たちはそのことを、その人生を生きてきた当の本人に聞いてみるしかないのだ。真偽について私たちが態度を決定できないような語りが語り手から語られた場合、私たちは少なくとも、その語りをそのひとの人生の軌道のなかで考えるのだが、その場合、その人生がどういうものであったのかは、その同じ語り手の語りから知るほかはない。したがって、語られた人生としての生活史は、その大半において「事実である」ということが言えなければならない。語りの一部分に、私たちの実在性に関する信念と相いれないような語りがあったとしても、その語りの全体を事実と切り離すことはできないのだ。少なくともその大半は、事実と関連しているものがなければならない。そうしないと私たちは、そもそも語りを理解することができないだろう。語りを理解するためには、生活史の語りの大半が事実でなければならないのだ。

さて、語られていることが事実であるとして、あるいは語られていることを歴史や構造のなかで理解するとして、私たちが語りをもとにして「中範囲」の、何らかの社会的なことを述べ、しかもそれが「正しい」言明である、ということは、どのようにして可能なのだろうか。量的調査では、この「正しいことを述べる」ための手続きが、すでに相当程度蓄積され、彫琢されている。そして、さまざまな方法論的な議論や、あるいは学部生向けの教科書などのなかでは、質的調査は、「おもしろいが、あやふや」なものであると、いまだにされている。質的調査が目指すべきはおもしろさであって、正しさではないのだ。それは正統的な科学により近いとされる量的調査の領域である。質的調査はどちらかといえば科学的であるというよりは文学的な領域を割り当てられ、「おもしろさ」や「発見的価値」がその価値だとされてきたが、しかしだからといって、日本語圏の社会学のなかで、「おもしろい」だけの質的調査が評価されることはほとんどない。そこにはやはり何らかの一般化や理論化が求められていて、だからたとえば代表性や妥当性が、いつまでも問われ続けることになっている。

本書において何度も批判される、事実から切り離された「ストーリー」に関する方法論もおそらく、一般的な正しさは量的調査でしか追求できないという前提を共有しているのである。だからこそこの方法論は、事実から自らを切り離すことができたのだ。

しかし例えば、戦後の沖縄の社会変動がどのようなものだったのか、沖縄戦という歴史的出来事はどのようなものだったのか、あるいは、そのなかで生きてきた人びとの人生はどのようなものだったのかということを、生活史などの質的なデータから述べようとする場合、どうしても何らかの一般化や理論化が必要になる。そうするとすぐに、データや語り手の代表性や典型性や妥当性が問われることになる。

いうまでもなく、私がお会いして聞き取りをする語り手の方には、いかなる「代表性」もない。「沖縄戦を経験したひとの代表」とは何だろうか。そこで除去されるべきバイアスとは、一体何だろう。そんなものはないのだ。

代表性や典型性がまったく確保できないまま、数十人の語りをもとに、沖縄戦や沖縄の戦後について、あるいはそこで生きてこられた人生について語らなければならないのだが、実証主義的な手続きがそこで保証されないからといって、事実や、あるいは事実について書かれた文の正しさまでも捨てさらないといけないわけではない。

私たちは、語り手との会話を続けていきながら、その会話の「中に」引きずり込まれ、そこで語り手や語りそのものとのあいだに規範的な関係を結ぶ。しかしこの会話は、ただ聞き取り現場の「いま、ここ」だけで生じるのでもないし、またその相手も、語り手だけなのではない。社会調査とは、たくさんの人びとと、たくさんの場所で、長い時間をかけておこなわれる、いくつもの会話の集まりである。

この会話のなかで私たちは、思わぬ「調整と介入」に出会うことがある。

大阪のある「都市型被差別部落」で実態調査をおこなったとき、ある回答の解釈をめぐって、調査員のあいだで議論になったことがある。それは、その回答者の方のほかの回答と明らかに矛盾する内容で、調査員どうしでいろいろと協議した結果、「明らかな回答ミス」ということで、その選択肢を書き換えたのだが、これは「恣意的な解釈が社会的に構築されてしまった」のだろうか、それとも、「会話と調整を通じて、暫定的な正しさに少し近づいた」ということなのだろうか。

あるいは、こういうこともあった。沖縄での聞き取り調査では、調査の趣旨や理論的枠組みまでもなるべく最初にお話しするようにしているのだが、ある語り手は事前チェックのために送った原稿を、「より私の枠組みに合致するように」書き直したのだった。さすがに私は、ありがたいことではあったが、説明をして元に戻したのだが、それにしても調査者と語り手が理論的枠組みまでも共有して、その方向で自らの語りを「語り直した」ことは、とても興味深いことだった。そしてさらに、この逆のこともあった。沖縄の階層格差についての私の講義に出席したある沖縄生まれの研究者が、講義と飲み会の後、長文のメールを送ってきた。それは非常に丁寧な言葉使いだったが、私の理論的枠組みに対する違和感を表明したものだった。(「調整と介入」)

もちろん、私の論文なり研究が「より正しさに近づいた」と、この二つの例だけで主張できるわけではない。しかし、こうした現場での調整や関わった人びとからの積極的な働きかけは、量的・質的に関わらず、社会調査には付きものである。社会調査は、調査をめぐる会話、調整、介入、働きかけ、異議申し立て、同調、支援によって、果てしない社会的コミュニケーションのなかに埋め込まれていく。このことは、一面では現場からの介入や検閲として機能することもあるかもしれないが、しかし社会調査の「正しさ」というものがあるとすれば、それは調査者の外側の人びととの会話や評価や調整を通じてしか得られないものである。つまり、外からの調整と介入は、調査の正しさの基盤なのである。

社会調査、特に質的調査は、当事者だけでなく、活動家や行政やメディアなど、常に外部の目にさらされ、外部からのさまざまな評価を受ける。それは検閲ではなく、正しさのために必要なことだ。聞き取り調査は会話だが、その会話は調査現場だけで完結するものではないのである。質的調査が得られるものが「ある程度社会的に受け入れられる、暫定的な正しさ」であるなら――そしてそれは量的調査においてもそれほど違いはないと思うのだが――、質的調査が人びとともにあり、人びとからの目にさらされ、人びとから介入されることは、その暫定的な正しさの土台である。

歴史的事件や出来事を描くために当事者や関係者に聞き取りをする「オーラル・ヒストリー」という手法と、社会学における生活史とどこが違うかといえば、どこも違わないのだが、その力点は前者は特定の歴史的な出来事そのものを描くことにあり、後者はそうした歴史と構造のなかで人びとがどう生きてきたかを描くことにある。しかし、このことは、言うのは容易だが、生活史の課題がどのように可能かということについて、なにか共通の理解や定義があるわけではない。

最近大量に出版されている、若手研究者による質的調査の本を読むと、その対象やテーマは様々に異なっているのだが、それぞれに共通の、いまだに理論化されていない理論がある。ハンセン病療養所での生活、フィリピンのスラムでのボクサーの生活、女性ホームレスたちの生活、被差別部落出身者に対する差別、ＡＶ女優たちの「自己」の構築などに関するエスノグラフィを読むと、たとえば、どんな過酷な生活でも、人びとは豊かな意味づけをしてそこで暮らしているということ、あるいは、極端に制約された条件のもとで、懸命に努力して最大限に「より良く」生きようとしていることが描かれている。

私は、こうした制限された条件のもとで懸命に生きるということを「他者の合理性」と表現し、それを記述することが質的社会学のひとつの目標であると考えている。理論的、方法論的な本として本書はとても不十分な、至らない本だが、特にこの点についてはほとんど議論を展開することはできなかった。それでも今後の方向性を示す短いエッセーを二つほど再録した。（「爆音のもとで暮らす」「タバコとココア」）

すべては相互行為であり、コミュニケーションである。私たちは、たとえば沖縄戦というものがどういうものだったのかを、会話のなかで語り合う。その会話自体を記述することは、それはそれで重要なプロジェクトである。しかし、すくなくともその会話のなかでは私たちは、「沖縄戦がいまここの会話のなかでどのように語られているか」ということを語ることはほとんどない。私たちはただ、沖縄戦がどのようなものであったのかについて語るのである。

聞き取りが終わって研究室に帰っても、その会話は続いている。終わることはないのだ。ありがとうございました、勉強になりました、いえいえこちらこそ、昔のことを思い出せて良かったよ、という会話で、聞き取りの現場はとりあえずは終了する。しかし、その「次の発話」を、私たちはしなければならない。研究室に帰ったからといって、相互行為の外側に立ち、その会話を記述する、ということは、私にとってはとても難しい。

語り手との会話のなかで、ある規範的な関係、あるいは「約束としての実在論」に巻き込まれる。聞き取りの後で、あるいはその外で、会話は絶え間なく続く。そこで私たちは、暫定的な正しさ、社会的な受け入れられやすさとしての正しさを、かろうじて得ることができる。

これは、「それさえすればいい」という楽観的な意味で言っているのではない。私たちにはもう、それしか残されていない、ということだ。あるいは、私たちは、すでにそれをやっているのだ、と言い換えることもできる。

会話を続ける必要がある。言語という呪縛、ストーリーという呪縛から逃れ、私たちはもっと自由に、世界について語り合うことができるはずだ。

本書をまとめるにあたり、多くの方がたにご助言やご批判をいただいたが、なかでも特に北田暁大氏、稲葉振一郎氏、齋藤直子氏には、心から感謝したい。この三名と日常的に交わした会話や議論に、本書は多くのことを負っている。また、この序文に対しては、清水雄也氏と朱喜哲氏からも厳しいコメントをいただいた。ありがとうございました。

そして、これからも会話は続く。

文献

岸政彦　二〇一六「生活史」岸政彦・石岡丈昇・丸山里美『質的社会調査の方法――他者の合理性の理解社会学』有斐閣
ドナルド・デイヴィドソン　一九九一　野本和幸・植木哲也・金子洋之・高橋要（訳）『真理と解釈』勁草書房
――二〇一〇　柏端達也・立花幸司・荒磯敏文・尾形まり花・成瀬尚志（訳）『真理・言語・歴史』春秋社
中野卓　一九七七『口述の生活史――或る女の愛と呪いの日本近代』御茶の水書房

マンゴーと手榴弾——語りが生まれる瞬間の長さ

生活史が語られる場とは、どういうものだろうか。それはいつ始まり、いつ終わるのだろうか。その場でつくられる関係は、どのようなものだろうか。その関係は、調査のあともどれくらい続くのだろうか。

私たちは、語りを聞き取る現場に居合わせることで、多くの場所にまたがる、長い時間のかかるプロセスのなかに、必然的に巻き込まれる。そしてそのような社会関係のなかでは、私たちはその語りを、私たちの好きなように自由に受け取ったり捨てたり、解釈したり忘却したりすることはできない。まして私たちは、聞き取った語りを、それが語っている世界と切り離すことはできない。しかし私たちは、しばしばそれをおこなってしまう。特に、大雑把に構築主義とかポストモダニズムとよばれる思想において、そういうことがよく主張されている。構築主義もポストモダニズムも、もはやあからさまな看板としてはほとんど掲げられなくなってきているが、それでもそれらはいまだに、私たちのものの考え方をある方向に縛り付けている。

語りを世界とを切り離すことは、語られている内容と語っているその形式とを切り離すことと同じだ。そうした見方によれば、語りのなかで語られているものは何でもよい。ただそれがどう語られたかが問題になるだけである。しかし私たちは、語り「によって」何かをおこなっている（たとえば、「現実を構築している」）のではない（そのような解釈も常に可能だが、そこには常にある種の「切断」がともなう）。私たちは語りを、ただ語っているのである。そしてそれを聞くものは、まさに聞くというそのことによって、語りの引用符を解除し、それを地の文のなかへと引き入れていく。語りを聞くということは、引用符を外すということである。ある特殊な、明確な目的を持って、限定的に、特定の語りの引用符をつけたままにして扱う、ということはそういう研究であれば、ありえないことではない。しかし私がしたいのは、そういうことではない。

私の調査研究のテーマは沖縄である。私は沖縄に興味があり、沖縄のことを考えている。そして、沖縄の人びとが沖縄について語った語りを聞き取っている。その語りは、沖縄についての語りであり、沖縄で生まれ育った、沖縄の人びとについての語りである。そこでは沖縄が語られているのであり、したがって、語られている沖縄というものが「存在」する。


生活史の聞き取りは、さまざまな人びとを対象に、さまざまな場所で、さまざまな状況のもとでおこなわれる。その実際のプロセスもさまざまに異なっていて、ひとつとして同じインタビューは存在しない。

しかし、多くのインタビューは、そのはじまりにおいて、似通ったいくつかの質問からはじまる。それは開始の合図であると同時に、深く海に潜るまえに大きく吸い込む最後の呼吸である。

「お生まれはこのあたりですか?」「いまおいくつですか?」——自己紹介や調査の趣旨説明など、お決まりの手続きを踏んだあとで、短い一言が発せられ、その一言は次の言葉を生み、それがまた次の問いかけを引き出して、気がつけばひとりの人間の長い長い一生が語られる。

――専門が沖縄で。であの、二年ほど前にですね、集団就職でUターンされた方に聞き取りをして本を書いたんですよ。ホームシックとか。おひとりずつお会いして、個人史とか、自分史みたいなものを、聞く作業をしてるんですね。

であの、毎年学生連れて沖縄来て、学生と一緒に勉強するんですけど。いろんなとこ取材して。

今年から、沖縄のご高齢の方に、ひとりずつお会いして、ちょっとあの、まあ人生の歩みみたいなところをお伺いして、記録に残そうと思いまして。沖縄全体の教科書的なところを勉強するよりも、実際に沖縄で暮らしてきた方に、学生にも会ってもらって、お話していただくみたいなことがいちばん大事な勉強になるんじゃないかなと思って。

(中略)

――いまおいくつですか？

八〇歳。

――若いですね！

いやそんなことないです。八〇歳になりましたので、この話（インタビュー）もやっとお受けしたんですよね。いままで誰にも言ったことなかったんですけどね。集団自決で、九死に一生という……。傷も負いましたけど。意識不明するぐらいの。初めてですよ、私、みなさんにあれ（語ることを了解）したの。

語りが生まれる瞬間は、質量や大きさを持たないただの点なのではない。その瞬間には、重さも、長さもある。生活史の聞き取りには、実は、最初に発せられるひとことの質問へと至る、ながいながい助走が存在する。その助走の多くは、きわめて事務的で、日常的な手続きである。同時にそれこそが、もっとも誠実さが必要とされる局面でもある。聞き取りをするのは社会学者だけではないし、またおなじ社会学者でもその研究プロジェクトの実行方法はさまざまに異なるが、少なくともひとに何かを聞き取るということにおいて、それがこうした助走を経るということには、共通しているはずだ。

ここでとりあげているひとりの沖縄の女性の語りは、私がかつて所属した大学の授業の一環としておこなわれたものである。私のいた学科には、「社会調査士課程」というものがあり、いくつかの授業を履修して単位を取れば、社会調査協会というところが認定する「社会調査士」の資格が取得できるようになっていた。私はこの課程を一〇年ほど担当していて、「社会調査入門」

や「質的調査法」など、複数の授業を受け持っていた。そのうちのひとつに「社会調査実習」があった。これは通年科目で、夏休みに三泊四日の合宿をともなう、ハードな授業だ。最後には全員で報告書を仕上げることになっていた。

二〇一五年度は、沖縄県内のある地域の老人クラブと連携し、地域の高齢者の生活史を聞き取り、それをそのままほぼ無編集で保存するというテーマでおこなった。それまでは、福祉や町おこし、伝統文化、基地問題、企業活動など、特定の地域でさまざまなテーマに分かれて実習をおこなっていたのだが、その年には高齢者の生活史の聞き取りというテーマに統一し、一五名の履修生を四つの班に分け、四日間で合計して二〇名の方々から聞き取りさせてもらうことができた。

このプロジェクトを実行するために、前年度の冬にこの老人クラブの事務所を訪問し、取材の趣旨をご説明し、ご快諾を得た。会長には、この計画のことをことのほか喜んでくださり、語り手がいなくなってしまうまえに、ぜひ地域の人びとの経験や体験を書き残してくださいと言っていただいた。もちろん、語り手の紹介や調整も喜んで引き受けていただいた。実際の調整などの実務は、この会のスタッフの方にお願いすることになった。見ず知らずの私がとつぜん持ちかけたこの話に、会長にもスタッフの方にも、全面的に協力していただいた。とくにこのスタッフのKさんには、ほんとうにご迷惑をおかけした。

九月初頭の合宿も近づき、七月ごろにはほぼ二〇名の語り手も紹介された。私はすべての方に直接お電話して、ご快諾いただいたお礼を述べ、授業で取材をおこなうことの趣旨や意図を説明した。そして、そのうちのあるひとりの、八〇歳の女性が、私はいままで誰にもお話ししたことがありませんが、ある離島での集団自決の生き残りです、と言った。事前にスタッフの方から、そのようなお話しを伺っていたが、それでも私は緊張した。

一五名の学生を四つの班に分け、それぞれの語り手の方のご自宅や、その近くの公民館などをお借りし、同時進行で聞き取りをおこなったので、すべての班のすべての聞き取りに私が同行できるわけではなかったが、彼女の聞き取りには、私もその場に参加した。

そして、二〇一五年九月一日の聞き取り当日、那覇市内のある公民館で私たちは待ち合わせをした。予約してあった部屋に入り、挨拶と、取材の趣旨の説明と最初の質問から、語りが始まった。

彼女の語りがほんとうに始まったと言えるのは、どこだろうか。最初の質問から、とも言えるし、私が最初に老人クラブに連絡を入れたときから、とも言える。あるいは、一九九七年ごろに私が最初に沖縄の調査をはじめたときからかもしれないし、一九四五年の集団自決のときかもしれない。それとも、彼女が生まれた一九三五年に、それはすでに始まっていたのだろうか。語りが語られる場は、いつ、どこで始まるのだろうか。それはさまざまな幅と長さで記述しうる。しかし、これだけは言える。語りはただその場だけで語られるのではない。それは、私の研究歴、大学におけるカリキュラムの構成、事前の調整と多くの方がたの協力といった、きわめて世俗的で事務的なプロセスのなかに、そして何よりも、語り手と聞き手の人生のなかに埋め込まれている。語りの現場に至る、あらゆる連絡、挨拶、調整、交渉、嘆願、助言、相談などによって、聞き手は、語り手とのあいだに、ある特定の、具体的な関係を築く。もちろんそこには、行き違いや誤解、トラブルなどが常に存在する。しかしそれらも含めて、私たちはすべて、何らかの社会関係のなかに巻き込まれていく。

このようにして、語りは始まる。

――もともとお父さんは何をされてた方なんですか

漁業です。むこうは半農半漁で。区長さんとかもやってましたけどね。漁師ですよ、鰹漁がとても有名なものだったみたいです。近海で獲れて、すぐ帰ってくるから、新鮮なうちに鰹節にするために、とっても良かったそうですよ、評判が。出汁があるということで。一日三回ぐらい往復して、旗いっぱいあげて帰ってきました。大漁旗あげて。もうそのときは、鰹なんかもう、頭切ってそのまま（海に）流すんですよ。

――もったいないですね（笑）

だからあの、何ていうんですか、カラス。真っ黒なカラスがこれを食べにくるんですよ。村じゅうのひとが出てこんな台置いて、鰹の頭を切って流してですね、一日三回も大漁してきて、たいへんでしたよ。

――いまはもうまったく獲れなくなったんですよね

船もないですよ。

――わりとゆとりのある暮らしだったんですか

そうですね、むこうでは、そうだったんじゃないですかね。（兄弟に）公務員もいますしね。だから、自分たちももしかしたら、進学させてもらえたかもしれないけど。あてにはしてたんですよ（笑）。高校から大学まで行かせてもらえるんじゃないかと思って。自分も教員になろうと思って。兄たちがそうだから。だけどうちの親はダメでしたね。

でも男の子なんかみんな、高校合格して。（沖縄本島の）○○高校ですけどね。ここからは○○高校しか行けなかったんですよ。みんな学校に、進学のために出てって、見送りして帰ってきて、（自分だけがいけない悔しさに）布団かぶって寝てたんですよ。そしたらもう、就職のお願いしますっていって、漁業組合の事務所の専務さんがいらしてるんですよね。母に怒られて。「親孝行したいと思うんだったら、仕事に行きなさい」っていって、布団すぐはがされてからですよ、びっくりして起きたら、「働いてもらえないですかね」って。中学卒業して翌日ですよ！（笑）

翌日からすぐ仕事いきました。水産組合というとこ、漁協です。そこで三年間ぐらい働きましたかね。

むこう（沖縄本島）から高校出るのはたいへんですよ。下宿先探さないと。学校についてるとこありますけどね。当時はなかったんじゃないですかね。自分で下宿探して。それから学校にいろんな、教科書代とか、授業でかかりますよね。だから、食べなければいけない、生活しなければいけないし、学校にも出さなければいけないし、簡単には（高校には）来れないですよここから。

だからもう、父が元気のころは、女の子は進学させないってずっと言ってましたからね。だから、「ふりむんないん」ってわかります？　沖縄の言葉で。

——ふりむんって、ばかってそういう

ばかになるっていう。女の子に学問させたらばかになるって、ですよ（笑）。なんでかっていったら、家庭の手伝いしない、農業しない、みんな就職して出ていく。それでこんなふうに言うんですよ。父はいつもそう言ってたんですけどね。だけど、最後には、兄の話では、玉砕しようとしてこう座ってますよね。いまにも爆弾が破裂、手榴弾を投げようとしてるところに、父は、隣に座っている私のすぐ上の姉に、「きみたち姉妹も、進学させようと思っていたのに、こんな世の中になってね、残念だね」って言っていたそうですよ、父は。

家族の話は自然に集団自決の現場の語りへとつながっていく。この年代の女性の大半は、高等教育を受けていない。貧しかったせいもあるし、そもそも女子に教育を施すということ自体が珍しいことだった。彼女もどうしても学校へ行きたかったのだが、中学を卒業したらすぐに、地元の漁協で働くことになった。最後まで娘の進学に反対していた父親は、まさに集団自決のその瞬間に、学校へ行かせてやれなかったことを子どもたちに詫びた。その直後、彼女は父親と死に別れる。

——お父さんが亡くなるのが、集団自決のときに集団自決のその場じゃなくてですね。

ちょうどこうして、集団自決の場所で、家族一三名です。産婆さんまで一緒でしたから。家族一三名で、こんな輪になって、もういっぱいですよね。村のひとほとんど集まってましたから。手榴弾を持ってるわけですよ。それで、二個ずつ配られてましたので、それをひとつ信管を抜いて、あちこち爆発してもう、わーわーしてるんですけどね、（自分たちに配られた手榴弾は）信管抜いても、どういうわけか爆発しないんですよ。

もうひとつあったから、これも信管抜いても、二つとも爆発しなかったみたいですね。そのときに、マッチ擦りなさい、マッチ擦りなさいって言ってるわけですよ。火を付けなさいって。火を付けて投げなさいって言うのもいるし。

そうして騒いでるときに母親が立ち上がって、「捨てなさい」。大きな声で。このタマ捨てなさいって。人間は、生きられるまでは、いつまでも生きるべきだよ、自分で死ぬもんじゃないよ、捨てなさい、命《ぬち》どぅ宝どーって、大きな声で言ったんですよ。命どぅ宝どー言ったんですよ、立ち上がって。

そのときに、家族みんな立ち上がって、そして逃げようとしたときに、私は父に手をつながれてるし、弟は姉がおんぶしてるわけですよ。そして、いとこなんかも、下のほうで赤ちゃんおんぶして逃げようとしてました。先に私と父は、たぶん（列の）前になってたんじゃないかなと思うんですけどね、弟は後ろで見たって言いますからね。

弟が見たものは何だったのかについては、この語りの後のほうで、改めて語られることになる。

――あの、自決があったのはいつぐらいですか。一九四五年ですね、昭和二〇年ですね。三月か四月ですね

三月ですね。二八日ごろに山に登ってますからね。

自分の壕に入ってたんですよ。各家庭で、自分の土地に壕があったんですよね。そこに壕を掘って、いろんな食べ物ぜんぶ入れて、そしてあとあとも不自由ないようにお米もぜんぶ入れて、着るものから使うものから、ぜんぶそこに入れてね。

そして、(壕に)入ってるところに、日本兵から、○○(地名)に集まりなさいっていう命令が出て。すぐに山に登りなさいって言われてですよ。

そこを出て、みんな一緒にぞろぞろと。役所の、(列の)最初のひとがこう、縄を持って、二本の縄を持って。区長さんですかね。みんながこれに摑まって、迷子にならないように。ずーっとこんなして、山に登っていったんですよ。その縄に摑まってね、大人も子どももみんな。このひとに付いてこう登っていったんですよ。そして集められたのがちょうど、谷間。

こっちの中は、ちょっとした水が流れてましたね。

それで、爆発して。手榴弾が爆発して、亡くなった方なんかは、ころころ下に落ちてるんですよ。谷間にぜんぶ。

――集められて、日本兵から言われるわけですか

集められて、村長さんが呼ばれて、そしてあっちでなにかごそごそ話したそうですよ。そして手榴弾みんなに配られて。みんなに配って。

そしたら村長さんが、みんな立ちなさいって言って。立たされて。天皇陛下バンザーイって、二回、三回やりましたかね。天皇陛下万歳やって。そこらへんまでは覚えてますね。

あちこち爆発して。すぐ。

そしたら、不発弾もらったところは大変なんですよ。みんなもう、爆発したところは、怪我したひともいるし死んだひともいるし。

不発弾もらったひとはもう、自分たちは死ねないし、周囲は死んでるし、大騒ぎしてですよ。

だからうちなんかは逃げたんですけどね、母のおかげで。そこに残っていたひとたちは、殺し合いしたみたいです。

そこに、アメリカが上陸してくるわけですよ。玉砕で大騒ぎしてるところに。で、迫撃砲ですかね、上陸するときの。それを打ち込まれたんですよ。

ところが、「ひゅー」って音するときは、遠くに飛んでいくんですよ。「ぴゅー!」ってくるときは、もうすぐそこに、パチパチパチパチって落ちるんですよ。ぴゅーぴゅーって音がするもんですから、近くだなと思って。

そして父が、伏せしなさいって手を離して。私がこうやって伏せたんですよ。学校でもずっと練習してましたから。伏せの練習はいつもやってたんですよ、一年生のころから、学校で。

そしたら、なんか変な音がして、父が、「キーン」っていう音を出したんですよね。そばに、隣に伏せてる父が。うしろで母が、お父さん「さったせー」って言う、方言で「やられてしまった」って言うもんですから、私はびっくりして、逃げようとしたのに、土とか石とか、飛んできて、私の背中にぼんぼん当たるんですよ。そしたら、二歩ぐらいはこう、立ち上がろうとしたような覚えもあるんですけど、それからもうどうなったか、ぜんぜんわかんないんです。

もう意識朦朧として。自分では逃げよう逃げようして、もう父親やられてるって、母親の声聞こえましたからね。見ないでおこうと思って。見ないように逃げようと思ったんですよ。ちょうどこの、玉砕しようとして座ってるところで、みんな家族みんな座ってるところで、母がみんな一緒だから怖くないよって、よそ見しないで黙って、目をつぶって座っていなさい、静かに座っていなさいね、みんな一緒だからね、怖くないからって言われたんです。私は強く目をつぶって、こんなして座ってましたからね。

父がやられたって聞いて、もう見ないで逃げようっていうあれしかないんですよ。だからぜんぜん見てません、私は。


それで、その何日か後に、川におりて。

どんなにしてどこまで連れてこられたか、覚えてないんですよ。ひっぱられてきたのか、自分で歩いてきたのか。何日経ってるのか。

そして、私が気がついたときはですね、水が欲しい。怪我したひとは水欲しがりますよね。水が欲しいって言ったみたいで。姉が汲んできて、ちょっと飲もうとしたら、もう臭くて。こんな遠くからわかるんですよ。臭いのが。

――水が臭い？

臭いの。

それでちょっと目覚まして。ものすごく水が臭い。

そしてまた寝てるわけ私は。またわからなくなって。またもういちど、なんか騒いでる周囲の声が聞こえて。

「すばや、ましやったるむん」、「お父さんのそばのほうがよかったのに」という母の声が聞こえたんですよ。私の名前を言って。私照子（仮名）って言いますけどね、照子は、てるちゃんは、お父さんのそばのほうがよかったけどねという、母の声が聞こえたんですよ。それで、ああ私はもうだめなんだなあと思って。ちょうどそう聞こえたもんですからね。

それで、なんかあの、周囲にこう、家族がみんなで私を真ん中に寝かして、座ってるような気配があるんですよ。起きてみようかなあと思っても、もう体が起きられない。耳は聞こえる。

何日かかって逃げてきたのか。

みんなで逃げてきたところは、川が流れるような、ちょっとした川のそばまで。生活するには水がなければいけないですよね。川が流れているところに逃げてきているんですよ。そのときにはもう、はっきりしてきてましたね、頭は。少し、少し元気になってましたね。逃げる途中で食べるものは何にもないですよ。こっちに来てからはじめて、水も飲んで。そのときに、私が水飲んだときに臭いよーって言ってたときに、兄や姉が、翌日朝行ってみたら、人間の血があったんだそうですよ。もうあちこちで倒れてますからね。水がたまってると思って汲んできて飲ましたのが、人間の血だったんだそうですよ。

そして、みんなは食べ物を探す、それから、男のひとたちは小屋を作る。ソテツしかないですからね、山の中。もうこれから何年間、何日生活するかわかりませんからね。まずは食べ物と、寝る場所を確保しようということで。

そして大人は、男のひとたちはみんな茅《かや》を刈ってきて、家をつくる。木を切ってきて家をつくる。また、女のひとたちも一緒に、山をかけずりまわって、ソテツを探す。ソテツってすぐには食べられないんですよね。発酵させる。これを誤ったら、毒だそうですよ。死ぬそうですよ。むかし、そういう一家全滅という方があったそうです。旱魃のときに、ソテツそのまま食べて。

それでよく大人は知ってるんです、むこうのひとたちは。なんか発酵させたんでしょうね、穴を掘って、ソテツの葉っぱとか、周囲の草を刈ってきて、ぜんぶこの穴のなかにいれて、ソテツも割ってこれにいれて。何日か、一週間ぐらいですかね、発酵させてから取り出して。そしてそれを干したり、細かく刻んで干したり、いろいろやってからしか食べられないんですよ。

それを、おっきな鍋に、十何名ですからね。おじやにして。これだけじゃなくて、食べられるものは何でも、草も、木の芽も（笑）ぜんぶ探してきて、これに入れるんです。

そして、たまに、アメリカ兵が通っていったあとに残っていた、携帯口糧とか。このひとたちは、こっちに人がいるのわかってたんでしょうね。わかってたんだと思うんですけど。チーズとかマヨネーズとかね。それからあの、お菓子、チョコレート。そういうのが残ってたんですよ、箱に。

最初はチーズなんかわかりませんからね、石鹸だと思って、川におりてこれを塗って、洋服に塗って洗濯しようとしたら、べとべとして（笑）。そしてマヨネーズはね、あれはなんか、おじやに入れて食べてましたね。最初からなんか、油じゃないかっていうような。食事っていえば、そういう。

水みたいなおじや。それを一日一食ですよ。朝ごはんだけ食べたの覚えてるんですよね。夕ご飯食べたのまったく覚えてないです。一日一食だったんです。ほとんど、最初の頃は、ソテツがちゃんと食べられるまでは、大変でしたよ。草のよもぎとかなんとかよく山にありますけどね。そういうの探してきて、大人がちゃんと食べれるか食べられないかぜんぶ選り分けして。食べられないもの捨てて。自分たち（こども）はなんでもかんでも摘んでくるんですよ。もう大人も子どももみんな食べ物を探す作業です、その頃からは。

そして、川に下りて、家もちゃんとできましたからね。川に下りて、そして私が怪我してるんじゃないかって母が心配して、裸になってぜんぶ服を洗濯したら、水が真っ赤になって流れるんですよ。

砂と、石、よくテレビでありますよね。弾が地面に落ちたときにパーンと、土が飛ぶような。そんなものだと思ったんですよ。

あのとき、父親の血とか、頭の破片とか、そういうものが私の背中に落ちていたみたいですよ。川で洗濯したときに川が真っ赤になって流れました。父の血が私にかぶったんだなということは、私は薄々はわかってましたけどね。

（戦後）五〇年経ってから弟が言うんですよ。姉さんが、土と石が降ってきたって言ってたのは、お父さんのものぜんぶ姉さんがかぶったって、言ったんです。

川に流したときに、ああ血だなというのはわかっていましたけどね。とってもショックでしたね。父親が全部私に、頭の大きな骨までも。背中に、大きな石が落ちてきたと思ったんですよ。

そしたらぜんぶあれだったんですって。父からの。父の。

五〇年経ってからそんなん言われました。弟に。あの子は姉におんぶされて後ろで（後ろから姉の肩越しにその場面を）見てるわけですよ。

言葉によって対象を固定することが、権力作用だと、あるいはもっと端的に暴力だと、長いあいだ言われ続けてきた。それには確かに理由がある。固定した国民、人種、民族、家族、あるいはアイデンティティの概念が、いかに私たちを縛り付け、他者を排除し、この社会を不平等なものにしてきたのかについては、まったくその通りだと思う。たとえば、日本人とか、男性とかという概念が、どれだけ私たちを抑圧し、自由を奪っているか、ということを考えてみれば、人間の生き方や在り方に関するこれらの固定的なイメージを解体することの重要性は、いくら強調しても足りない。

こうした考え方が瓶のなかに詰められ、海に流され、日本の社会学という辺境に、なかでも質的調査の社会学という離れ小島にまでたどり着いたとき、それはその漂流のなかでいつのまにか、語り手が語る語りを事実から、あるいは世界から切り離せという命令に変わっていた。何が語られているかを見ることを禁止し、それがどう語られているかのみを見つめよという研究プログラムは、多くはマイノリティである語り手の「保護」の名の下で主張された。語りを事実関係に還元してしまうことで、なにかを傷つけてしまう、ということがよく言われた。そして、その罪から逃れるための免罪符として、構築主義という看板が流用された。

しかし逆に、語りを事実から、あるいは世界から切り離してしまうことで、いわば逆の方向から私たちは語りを台無しにしているのではないだろうか。手渡された手榴弾は二つだったと彼女は語った。それは一つだったかもしれないし、三つだったかもしれない。しかしいくつかの手榴弾が手渡されたことは「事実」だ。具体的な事実関係において、記憶違いや混乱が生じる可能性は常にある。そして、そういう部分を細かく、徹底的に詰めていく作業も、ある目的においては必要である。しかし私たちはまずはじめに、彼女自身によって語られた経験が、その「大部分において真」であることを前提としなければ、聞き取りの現場に参加することすらできないし、あるいはまた、私たちが語り手から受け取った語りにもとづいて、そのことについての私たちなりの語りを受け継ぎ、続けていくこともできなくなる。

それは当事者に寄り添うとか、それになりかわるとか、同じことをあとから経験するとか、そういうことではない。もっと世俗的な、普通の意味で、あるいは「論理的」な意味で、語りを聞くということはその鉤括弧を外すことなのである。

権力批判としての「カテゴリー批判」は、すぐに事実そのものの破棄へと移行した。日本人や男性などどこにも存在しない、ということが言われた。そして、語りが指示する対象が世界のなかに実在するということはありえないことだと、そして、そのようなものを探すことが、当事者の語りを傷つけるものであるということが言われた。

しかし、私たちははたして、彼女の語りを聞いたあとでもその語りを世界から切り離すことができるだろうか。それは何かについて語られたものではなく、ただ語り手は、さまざまなカテゴリーを「使用」して、たとえば自己の提示とか、場の定義などをおこなっているにすぎないのだろうか。日本人や男性は存在しない、と言われる。しかし、沖縄人や女性もまた、存在しないのだろうか。

語りの現場を、それが発語されているその現場だけではなく、その前後数ヵ月あるいは数年にわたる長いプロセスとして考えると、聞き取りというものが、語り手と聞き手が共同で鉤括弧を外していく作業である、ということがより明確になるだろう。私たちは、あるひとつの、あるいは複数の規範的な関係性のなかに、長い時間をかけて引き込まれるのである。そこでは互いの発話に鉤括弧をつけたままにしておくことはできないのだ。

もちろんこのことは、ある特定の社会関係のなかでは必ず意見や信念や価値が一致する、あるいは語られたことが何が何でもすべて実在する、ということを意味しているのではない。しかし、私たちが、ある「間違ったこと」に対して、それは間違っていると言えるのは、その相手がおおまかに合理的であるからである。私たちは、対話の相手と、実在や正しさについての信念の、大部分を共有している。そうでないと、そもそも対話というものができなくなるだろう。これはなにも特別なことではない。

私たちは常に、具体的な社会関係のなかで、そのなかでのみ語ることができる。そして、そのなかでは言葉は、ほとんどの場合において、真であるか偽であるか、正しいか間違っているかを問われることになる。少なくとも私たちは、具体的な社会関係のなかで、テクストをテクストのままにしておくことはできない。

もっとも当たり前のことで、ここであらためて言うまでもないことだが、そして同時にもっとも重要で、語りに関する議論のなかでほとんどこれまで考慮されてこなかったことなのだが、このプロセスのはじめから終わりまで、聞き手としての私は、語り手の「語り」あるいは「ストーリー」を聞くことをお願いしてはいない。私は沖縄戦での体験、あるいはもっと広く、戦後からいまに至るまでの、沖縄で暮らした方々の生活史を聞かせてくださいとお願いしたのである。「あなたが『沖縄戦という概念』を『どのように語るか』について興味があります」という依頼など、できるわけがない。そしてこのことは、ほとんどの社会学者に、あるいはそれだけでなく、ほとんどの取材やインタビューをおこなう人びとにとって共通することである。「語り」を聞きに現場を訪れるものはほとんどいないだろう。「あなたが何を語るかではなく、それをどう語るか、ということにだけ興味があります」といって取材を申し込むものは誰ひとりいないだろう。私たちは常に、何かについての語りを聞かせてもらうために、そこに行くのである。そして私たちは、その何かについて、受け取った語りをもとに、新たに語り始める。

先日、別件の沖縄出張のときに、数ヵ月ぶりに老人クラブの事務所を訪れ、会長とスタッフの方に改めてお礼を申し上げた。そのときに、学生たちが書いている報告書では、語り手の皆さんのお名前は匿名にしますと話したら、会長は、ぜひ本名で書いてください、地名もすべて入れてくださいとお話しされた。

何も恥ずかしいことはない、あの戦争を生き残ったウチナーンチュが、戦後頑張ってきたおかげで、いまの沖縄があるんです。先生、すべて事実ですから。事実をそのまま、書き残してください。ぜひよろしくお願いします。

聞き取りから三ヵ月が経ち、この原稿の草稿を書いた。語り手の方にお電話をして改めてお礼をして、そして草稿を郵送した。すぐにお電話をいただき、掲載を了解してもらった。

それから数日後、もういちどお電話をいただいた。……あれからいろいろ思い出していたんですが、あのときに、父が亡くなったその現場で母が叫んだ言葉を、いま思い出したんです。だからお伝えしようと思って。それはこんな言葉でした。

平和ぬ世《ゆ》ーなたいと、にーさんが、やーにんじゅかめーてぃちゅーくとぅ、すぐわかいるぐとぅ、きぃー小《ぐゎ》んかい、印いっとーけ。

平和な世の中になったら、兄さん（沖縄本島で学校に通っていた次男）が家族を探しに来るはずだから、（父が亡くなったこの場所が）すぐにわかるように、そこの木に名前を刻んでおきなさい。

聞き取りの日、学生数名と一緒に待ち合わせの公民館に行ったとき、彼女は大きな荷物を持ってきていた。風呂敷を開けてみるとそれは、見たこともないような大きなタッパーで、そこには半分に割って果肉に切れ目を入れたあと凍らせた、たくさんの完熟マンゴーが入っていた。学生のためにわざわざ用意して、持ってきてくれたのだった。真夏の沖縄で、クーラーの効いた涼しい公民館の部屋でも、聞き取りをしているあいだに、マンゴーは自然に溶けて、ちょうど食べごろになった。彼女は集団自決の体験を語りながら、その途中で何度も何度も、凍らせてきてよかった、凍らせてきてよかったと言っていた。食べごろの温度になっているマンゴーを、内地から来た若い学生に食べさせたいと思ってくれたのだろう。私たちは、集団自決だけでなく、その島の戦後の様子や、そのあと本島に移動してからの彼女の生活史に耳を傾けながら、甘く濃厚なマンゴーにかぶりついた。

インタビューが終わってみると、私の黒いポロシャツには、鮮やかな黄色い果肉がこぼれ落ちていた。学生がそれを見て笑った。

ありがとうございますと何度もお礼を述べて、会議室から出ると、高台にある公民館の窓から、はるか彼方に、集団自決があったその島がかすかに見えた。

当たり前のことだが、いまこの沖縄で暮らしている人びとのほとんどすべては、あの沖縄戦を生き残った方がたの、子や孫なのだ。私はしばらく黙って、海上のはるか遠くに浮かび上がる島の影をじっと眺めていると、学生のひとりが、記念に写真撮りましょうと言った。私が iPhone のシャッターを押すときに、彼女はにこにこと笑って、「ピース」サインをした。

一九四五年、あの島で彼女は、日本兵から二つの手榴弾を手渡された。二〇一五年のあの公民館で、手榴弾のかわりに彼女が私たちに手渡したのは、いくつもの甘いマンゴーだった。

鉤括弧を外すこと——ポスト構築主義社会学の方法

この小論では、社会学の質的調査におけるひとつの方法論を批判的に検討しながら、「ポスト構築主義」の社会学における新たな方法を探る。主に取り上げるのは、桜井厚による「対話的構築主義」とよばれる、ライフストーリー研究の方法論である。まず、質的調査の現場で出会う「他者理解」の困難についてまとめ、その困難に向き合おうとした桜井の方法論を検討する。次に、D・デイヴィドソンの概念相対主義批判の議論を簡単に参照したあと、「よりプラグマティックな」社会学の方法論はどのようなものであるべきかについて、ごく簡単な見取り図を描く。

基本的には、桜井厚の方法論は、他者理解の難しさに正面から立ち向かうところから出発したはずだったが、それがいくつかのポストモダン的な理論の影響のもとで、結局は理解という実践そのものを相対化してしまい、他者と世界に対する多様な記述可能性を自ら閉じてしまったというのが私の意見である。桜井の陥った問題を乗り越えるために、デイヴィドソンの議論は大きな助けになるだろう。

もとよりデイヴィドソンについても、そして質的社会調査の方法論についても、十分な議論を展開できるだけの能力は私にはないが、それでもフィールドワークにもとづく社会学のような個別的な領域に対してデイヴィドソンの哲学的議論が持つ可能性を、そして構築主義以後の社会調査が採るべき方法論を、考えるきっかけとなればと思う。

1 「不合理なもの」の理解

私たちは、聞き取り調査の現場でさまざまな人びとに出会い、その声を聞いて記録する。そして、その記録にもとづいて、いくつかの論文を書く。つまり、私たちの他者理解には、ただ声を聞くだけでなく、その声に基づき、その声について書く、ということが含まれている。聞いて、書く、という一連の実践の流れが、私たちにとっての理解するということである。私たちは声を文に転換しているのだが、そのことがとても難しいことが、しばしばある。

社会学という領域は、いまでは非常に拡散してしまって、とてもひとことではまとめきれないが、行為の合理性とその理解に関するM・ウェーバーの古典的な『理解社会学のカテゴリー』は、現在でも「聞いて書く」社会学の道筋を示している。この本は、次の書き出しから始まっている。

> 人間の（「外的」または「内的」）行動は、あらゆる出来事がそうであるように、その成り行きのうちに、いろいろな関係やいろいろな規則性を持っている。しかし、少なくとも完全な意味で人間の行動にのみ固有なことは、そうした諸関係や諸規則の経過を、理解可能な形で解明しうるということである。［ウェーバー 一九六八：一三］

人びとの行為が合理的である、ということの意味は、ひとつは、それが「いろいろな関係やいろいろな規則性を持っている」ということであり、もうひとつは、それが私たちにとって「理解することが可能な行為」であるということだ。ウェーバーが人びとの行為についてそれを「理解可能な形で解明しうる」と述べるとき、解明するのはもちろんそれを聞き、そして書く者である。私たちは人びとの行為を、「プラグマーティッシュ」［同書 一五］に、つまり「なぜそれをおこなったのか」という動機を理解することを通じて理解する。動機は、非経済的なものまで含めたもっとも広い意味での「利害」、あるいは「有用性」といってもいいかもしれない。

だが、すでに多くのものによって何度も指摘されている通り、他者の合理性は、それほど簡単に理解し、再記述できるわけではない。人びとの、そして私たちの行為や動機は、非合理性に満ちている。この場合の「合理的でないこと」は、広い意味での利益や有用性と矛盾する、ということである。

まず、この一見すると不合理な行為や言動に対して、社会学者がどのようにアプローチできるか、という問題についての考察から始めよう。

ある種の非合理的な行為に対しては、「自己責任」という言葉を使われることがある。十分な情報が与えられていて、なおかつ強制されずに自発的に選択した結果としての不利益の責任は、その選択をおこなったものにたいして帰属させられる。

例えば、数年前に大阪でこういうことがあった。激しいデフレと不景気の真っ只中で、ある公園では、ホームレスの数が急激に増加していた。ホームレスたちは公園にブルーシートでテントを作り、水道を使用し、家財や電化製品を増やし、徐々にその生活空間を広げていった。住民からみれば、これは公園の不当かつ不法な占拠だった。あるとき、この公園の周辺で国際的なイベントが開催されることになり、大阪市がホームレスを排除しようとした。公園から出ていってもらうかわりに行政が出した条件は、自立支援シェルターへの入居だった。この条件の提示にたいして、ホームレスと活動家たちが、公園からの排除に反対する運動を展開した。この運動のなかで、「公園に住む権利」が強く主張された。

この運動のプロセスにおいてインターネットやあるいは授業で取り上げた際の学生の一部から、とても興味深い反応があった。それは「公園に住むことは権利か」というものだった。素朴といえば素朴な理解だが、それはおおよそ、次のようなロジックに基づいていた。まず、ホームレスであることが社会問題として構成されるのは、それは公園や路上に住むことが「問題」だからである。それが問題なのは、ほとんどの人びとにとっては、路上や公園での暮らしは、自ら望んだものではなく、社会によって強いられたものだからだ。

したがって、その研究や社会運動の、少なくともひとつの目標は、路上や公園からホームレスを屋根のある場所に移すことであるはずだ。これに対し、もし行政が申し出ている自立支援シェルターへの入居を拒否し、公園に住み続けることを権利として主張するなら、それはホームレスたちが「自ら」選んだことになり、そこに社会問題は存在しないということになる。

つまりかれらが与えた解釈では、公園に住むということが誰のどのような意志や選択の結果で、そしてその結果や責任の帰属がどこにあるのかをめぐって、大きな混乱が存在していたのだ。社会のなかに、ある状態が存在し、そしてそれが社会問題であるということの背景には、それが自分で自由に選んだものの結果ではないはずだという仮定が存在する。あるところで不利益をこうむっている人びとがいて、そしてそれが「社会の」問題であるとするなら、それは自ら選んだ結果ではないはずだ。一方で、もし同じ不利益が存在し、そしてそれが自ら進んで選んだ結果であるならば、それは「社会の」問題ではなく、そこにはそれぞれの個人的な責任が存在するだけである。

沖縄の普天間基地が建設されたのは一九四五年沖縄戦の最中である。しかし、その後宜野湾村（市）の人口は、一九五〇年の一万六〇〇〇人から、復帰後の一九七五年には五万四〇〇〇人、そして現在では九万七〇〇〇人にまで増加している。宜野湾市の市域は、その中央部の大半を基地として使用されている。つまり、現在の宜野湾の人口のほとんどは、普天間基地が「できてから」、その真横や近所に住むようになった、あるいはそこで生まれて現在も住み続けている、ということである。実際に航空写真などで、基地の周辺に街区が広がり、建物が増加していく様子を確認することができる。

予想されたことだが、この事実がネットで悪用されることがしばしばある。普天間基地は、住宅密集地にある「世界でもっとも危険な基地」だと言われていて、そのことが返還や移設をめぐる協議の場でもつねに言及されるのだが、その危険な基地が「できてから」人口が増えているということは、それはその人びとが「自ら進んで」爆音や墜落の危険のある基地の周辺に住んでいるということである。したがって、その基地被害なるものは、十分な情報のもとでの自由な選択によって選ばれたことの結果であり、その責任は国にも自治体にも、「社会」にもない、ということになる。

社会問題の理解と記述が難しいのは、少なくとも部分的には、一見したところそれが不利益をもたらす選択によって構成されているように見えるからである。むしろ、単純な合理性のもとで人びとの行為を記述できないとき、私たちはそれを「社会問題」と呼ぶのかもしれない。

2　「差別されたことありません」

問題はただ単なる不利益の状態だけなのではない。その上にさらに、そうした状態をどのように認識するか、という問題もある。私たちは、自らにとっての不利益に、あるいは自分が「社会問題」の状態にあることすら気づかないということがよくある。なにかの社会問題であるような状態に、自ら進んで居続けていて、そしてさらに、その社会問題であるという状態についてちゃんと認識しない、ということは、ほんとうによくあることなのだ。なぜここで、当人たちによる自らの不利益や社会問題の認識が重要になるかというと、いうまでもなく、その状態が本人たちにとって、なにか良くないもの、ストレスをもたらすようなもの、不幸なものであると意識されているということが、それが不利益や社会問題であるということの、もっとも基礎的な部分を構成する要件であるからである。つまり、社会問題とは、それが本人たちにとって良くないものであると思われている限りにおいて、改善すべきネガティブな状態であるといえるのである。もし本人たちが幸せに暮らしているなら、何を改善することがあるのだろう。あるいは、自ら進んでそうしていたとしたら。

社会問題の、あるいは被差別の当事者が自らの状況を否認するようなことを語るとき、おそらく社会学者にとって最大の困難が生じる。後に述べるように、もしその語りの「内容」を否定すれば、社会問題としてはそれは存続できるが、語り手の尊厳、あるいは能力を否定することになる。逆に、もしそれを肯定すれば、語り手の語りを尊重することにはなるが、そうすることで当の社会問題の「問題性」を消去してしまうのである。

この困難に対して、もっとも単純明快な、あるいは「暴力的な」解を与えたのが、被差別部落などを調査していた社会学者の八木晃介だった。彼はあっさりと、さきほどの二つの選択肢のうち、語り手の語りを否定し、社会問題の問題性を理論のなかに維持する道を選んだ。ある被差別部落の女性の語りについて、八木はあるエッセイのなかで次のように述べる。長くなるが引用しよう。

僕が学生だった頃、僕は何度も、恩師の下請けのような形で各地の被差別部落に社会学調査のためにはいったことがありますが、大阪市内のある被差別部落で経験した衝撃は今も僕の脳裏からはなれることがありません。僕の聞き取りにおうじてくださったかなりの年配の女性が、次のようにはなされたのでした。「私は、生まれてから今まで、まったく一度もこのムラから外にでたことがないので、差別された経験は全然ありません」と。なるほど被差別部落の内部にすむ被差別者が部落差別をうけるということはほぼありえないことはいえます。ですから、この年配の女性が、部落内の対人関係において部落差別をうけたことがないということにはそれなりの合点がいくのですが、しかし、かんがえてもみてください。せまい被差別部落から一歩もでないという極端に限定された社会的交通圏の内部にとじこめられているということ自体、差別そのものだというべきではないでしょうか。この年配の女性は、たぶん、差別を日常生活世界における対面的な差別、たとえば露骨な差別的言動に限定して理解していたようです。そして、いわば構造的な隔離による社会的遮断をも差別としてとらえるという感性力や認識力を、まさに差別によって剝奪されてしまった存在なのではないか、と僕には思えてなりませんでした。そうです、差別は感性の次元でも人間をそこなう物質力をもっているのです。［八木 一九九二：五七］

八木はこの文章に続けてすぐ、次のようにも述べている。東京の別の被差別部落で、解放運動に対して否定的なことを語った男性（「差別などもうない……君らが差別、差別とさわぐから問題がおきるのだ」）に対して、こう書いている。

それにしても、未組織部落における「寝た子を起こすな」の意識の強さにはあらためて鮮烈な印象をうけずにはいられませんでした。要するに、それほどまでに差別は今も強烈だということです。自分は部落出身だと、胸をはって堂々となのれない、なのらせない社会のシステムが根づよく息づいているわけなのです。［同書 五八］

被差別の当事者が差別を否定するとき、あるいは運動を否定するとき、八木にとってその当事者たちは、差別そのものによって能力を剝奪され、感性を奪われた存在である。八木にとって差別とは、「対面的な」「露骨な差別的言動」には還元されない。それは、私たちの意思や意図、感受性、行為能力を深いレベルで解体する。差別的構造によって私たちは、本来なら持ち得たはずの合理的な（つまり自分たちにとって利益をもたらすような）判断力や行為能力を剝奪されている。そのため、私たちの意図や意思は、いわば無意識のレベルで外部から介入されていて、自らの不利益になるような選択肢を「選ばされる」ことによって、その差別的な構造を再生産させている。

このような説明は、自己責任倫理のような差別的な考え方に対抗して、当事者の責任を解除するために必要な作業だった。しかし、「無意識の構造」にまで介入し操作する差別や権力、という理論によって描かれる当事者がどのようなものになるかは、ここでこれ以上詳しく述べる必要はないだろう。ひとことでいえばそれは、徹底的な無能力者である。

ただしかし、こうした素朴で無神経な理論に限らず、「非合理的な行為者をどう理解し、その行為や語りをどう記述するか」という問題は、現在でも簡単には解決のつかない難しい問題である。責任の解除は、能力の否定と必ず結びつくからである。

たとえばP・ウィリスは、古典的なエスノグラフィである『ハマータウンの野郎ども』のなかで、労働者階級の子どもたちが、不良や非行少年たち（「野郎ども」）のいわゆる「反学校文化」に染まることで、学校の勉強や進学から遠ざかってしまい、結果的に「自ら進んで」また労働者階級という不利な立場に入っていくことを描いた［ウィリス 一九九六］。

ここでウィリスは、不良文化という下位文化の社会的機能に注目することで、学校に反抗して進学という道から離れていってしまう不良少年たちにも「合理性」があるのだと主張している。つまり、労働者階級の子どもたちにとって、中産階級文化の巣窟である学校には居場所はなく、したがって無理して自らのハビトゥスに反するふるまいをするよりも、反学校文化という下位文化を身につけたほうが「合理的」なのだ、というわけだ。

しかし、問題を行為者当人の判断や選択から、下位文化という社会的なレベルに移したところで、それが根本的に解決されているわけではない。進学したほうがよいことがわかっているときに、それではなぜ、そうした反学校文化を体得するのか、という点は説明できないからである。自ら進んで進学をしないことの説明に下位文化を持ち出したことによって、ウィリスは古典的なエスノグラフィを書くことに成功したのだが、それによって今度はその次の疑問、つまり「それではなぜ子どもたちは『自ら進んで』反学校文化に入っていくのか」という疑問が生じてしまうのである。どのような社会学的媒介物を間に入れても、結局は「それは自分で選んだことだ」という事実は消えないのだ。

もし非合理的な行為、例えば当人にとって不利益をもたらすような状況への自発的な参入のような行為が与えられた場合に、行為者の合理性を保持しようとすれば、不利益をもたらす状況が否定されることになる。よくあることだが、たとえば相対的に不利な立場にいる人びとの行為能力や責任能力、あるいは「たくましさ」のようなポジティブな面を強調しようとすれば、その状況は「たいしてしんどくない」、あるいは「楽しい」ものにさえなることもある。ハマータウンの野郎どもがもし合理的であるとすれば、それは労働者階級に再び入っていくことが、本人たちにとって不利益ばかりをもたらすものではない、と解釈せざるを得なくなる。それなりの幸せや喜びがもしそこにあるとすれば、「野郎ども」がしている選択は合理的なものである。この場合、格差や貧困は、解決すべき問題ではなくなってしまう。

逆に、不利益をもたらすような状況の存在を維持しようとすれば、そこに自発的に入っていく行為者は、非合理的な存在であるだろう。格差や貧困というものが、あくまでも解決すべき問題であるとするなら、自ら進んでそこに入っていく「野郎ども」は、たとえ下位文化などの中間的な要因の存在を考慮に入れた上でも、やはり非合理的な存在となるだろう。その行為の原因や要因は、行為者本人の相対的な「無能力」に求められることになる。まさに八木がこのような解釈をしたのである。

自ら不利な状況に入っていくことと、八木の例のような、自らの状況について矛盾するような認識をしていて、そのように語る、ということは、すこし異なる問題なのかもしれないが、少なくともそれをどのように理解し記述することができるかということに関しては、とても似通った問題である。差別をされている人びとが、差別をされたことがないと語ったとき、それを理解し記述する私たちには、ふたつの選択肢しかないように思われる。ひとつは、その語り手には、現実のほんとうの姿が理解できていないと解釈すること。そしてもうひとつは、少なくともその語り手は、ほんとうに差別をされたことがない、と解釈をすることである。

生活史を中心的な調査方法にしている社会学者の谷富夫は、実際に、この後者に近い解釈をしたことがある［谷 一九八九、二〇〇八］。谷は、沖縄から本土へ出稼ぎに出て、後にUターンした人びとの生活史を大量に、そして詳細に聞きとり、「なぜかれらは沖縄へUターンしたのか」という問いを解くことで、沖縄社会の特質を描こうとした。実証主義者の谷は、「なぜUターンしたのか」の理由として、ふたつの仮説を比較する。ひとつは、「本土で差別にあったからUターンした」というもので、もうひとつは、「故郷の共同体へと自発的に帰還する道を選んだ」というものである。Uターン経験者三一人に対する聞き取りの結果、Uターンの理由として「差別されたから帰った」と語ったものはほとんどいなかった。むしろ、その生活史のなかで何度も何度も語られたのは、故郷沖縄に対する積極的な意味づけや、家族や地域社会への愛着の語りだった。ここから谷は、こう結論する。本土での差別は確かに存在するが、Uターンを経験した沖縄の人びとが、自らのUターンの「理由」として語ったのは、むしろ故郷の共同体だった。したがって、「差別仮説」は棄却され、「共同体仮説」が──検証されたとはまでは言えないが──有力な候補として「索出」された、と谷は結論付けた。最終的に谷は、沖縄社会の「社会学的」特性について、それが共同体規範にもとづく横のつながりによって成り立っている社会である、と述べている。

谷富夫が沖縄人への差別がなかったとは一言も言っていないことには注意しなければならない。しかし谷は、沖縄の人びとが語ったUターンの「理由の語り」を、そのままUターンの「理由」として再記述している。そして、「差別されたから帰ったのではなく、故郷の共同体に帰りたくなったから、帰ったのだ」という語りを、そのまま理由として「鉤括弧を外して」採用するということは、少なくとも、「理由となるような差別は存在しなかった」ということと、広い意味においては同義である。

八木と谷の、それぞれの研究の背景や文脈をすべて無視して単純化すれば、ここで紹介したこの二つの例はどちらも、「矛盾する語りに出会ったときに社会学者がそれをどう解釈するか」をあらわす、非常に象徴的な例である。八木は、「差別されたことがない」という語りに対して、「この社会には差別は存在する」という前提を守るために、語り手が間違ったことを語ったのだ、と解釈した。その結果、語り手には現実を正しく理解する能力がない、ということになってしまった。その意図が何であれ、八木が部落の語り手を無能力者として描いてしまったことにかわりはない。これに対して、谷は、沖縄の語り手が「(Uターンの理由としての)差別は存在しない」と語ったとき、それを字義どおりに解釈し、鉤括弧を外して彼自身の地の文で「理由となる差別は存在しなかった」と語ったのである。

私にとってはこのふたつの解釈の例は、どちらも同じように問題を抱えていると思われるのだが、それでもこの二人の社会学者のどちらが語り手に対して誠実であるかといえば、それは谷富夫であると思う。谷にとっての語り手の人びとは、十分な能力を持ち、すでに現実社会に対して様々な解釈を自発的に与えている。社会学者はその語りを聞き、そしてその鉤括弧を外して、そのまま社会を再記述すればよい。「差別がなかった」という語りの意味は、差別がなかったということなのだ。

何かの問題が生じているように見える現場において、行為者の非合理的な行為や発話がなされた場合、行為者が合理的であれば、その問題は問題ではない。逆に、問題が存在する場合は、行為者は合理的ではない。ここで生じているのは、「鉤括弧を外すことの困難」である。

ここであげた例は、語りや行為という「データ」を、どのように解釈しても強い矛盾が生じる極端な例だが、社会学や人類学のエスノグラフィにおいては、データを解釈するということ自体が、たびたび批判されている。例えばいくつかのポストコロニアル理論やカルチュラル・スタディーズでは、調査者が恣意的な解釈を与えることにたいする権力性や暴力性が、徹底的に批判されてきた。そして、データの解釈についてそのような批判をおこない、日本の生活史研究において「対話的構築主義」という新しい方法論をつくりあげたのが、桜井厚である。

3　対話的構築主義——「他者への配慮」としての引用符解除の禁止

桜井厚は、A・シュッツの翻訳などから研究をはじめ、構築主義などの社会理論を吸収し、現在では日本の社会学における生活史（彼の言い方でいえば「ライフストーリー」）研究を代表するひとりとなっている。その彼が提唱している生活史調査の方法論が「対話的構築主義」である。それはいまでは、日本の社会学における質的調査の、ひとつのスタンダードになっている。

桜井は、さきほどあげた八木晃介の解釈を強く批判している。「差別されたことありません」という部落の語り手の語りに対して八木が書いた、「構造的な隔離による社会的遮断をも差別としてとらえるという感性力や認識力を、まさに差別によって剝奪されてしまった存在」という文章を引用した直後で、桜井はこのように述べている。

このような差別の構造論的な解釈を、なぜ日常生活者としての当事者が共有する必要があるのだろう。むしろ、部落住民のライフストーリーが、つねに差別――被差別の文脈で解釈されなければならないという調査研究者の解釈枠組みこそが問われなければならないのではないか。ともあれこの種の還元主義あるいは構造のコピーとしての人間像では、人びとのストーリーはほとんど調査研究者の解釈の裏付けをとるだけのものとなる。都合の悪いデータは捨てられるか、自己の枠組みに合うように再解釈されるだけであり、ストーリーの語り手としての生活主体の個性や創造性までは理解が及ばないだろう。［桜井 一九九六：四三－四四］

桜井厚にとって差別は、あからさまな差別的言動や、職業や市民権からの構造的排除の問題だけではない。それはある人びとにたいする「カテゴリー化」である。一人ひとりの個性を持った存在に対し、その多様性や個別性を無視して、「部落」や「在日」というラベルを貼ること。これが桜井厚にとっての差別なのである。ラベリング論などのいくつかの社会学理論、あるいはポストモダニズムや、そしておそらくはフーコーやサイードのある種の解釈のような理論が、その背景にあるだろう。桜井にとって、権力や暴力は、なによりも言語として作用する。指し示すことや、名付けること、一緒くたにしてラベルを貼り、差異を無視して同一性のもとで語り、そして自己の枠組みにおいて他者を語ること。つまり、桜井にとっては「理解すること」そのものが暴力である。少なくとも、ある種の理解は常に暴力でありうる。

［引用者註・部落の人びとに対して］外部から与えられるのは、あくまでも〇〇の子すなわち部落というカテゴリーである。そこでは「自分自身を認めてもらう」といった個人的な努力はあえなく挫折するほかない。ある人はそれを端的に「名前を失うこと」だと表現する。［同書四一］

これまで、被差別部落の実態調査といわれるものは、全国規模でも地域ごとでも数多くなされてきた。そのほとんどは数量的な把握を中心とした方法によっている。……また、聞き取り調査もおこなわれてきた。……ところが、これらの方法はいずれも部落に生きる一人ひとりの個人、またその生活世界の多様性にはほとんど関心を示さない。調査をする側は、地区が部落かどうか、対象者が部落住民かどうかにつねに関心をはらっているからである。このため、調査研究者は、ややもすると部落住民だからひどい差別を経験し、みじめで悲惨な生活をおくってきたにちがいないと思い込み、それに合う事実や経験を探り出し、「みじめで悲惨な部落民像」をつくりだそうとする。その一方で、差別問題に目覚め、解放運動の担い手となる「誇りをもった部落民像」が強調されたりする。だが、これらはいずれも「部

落」という社会的カテゴリーを前提にした〈調査者のストーリー〉なのである。〔四二-四三〕

その意図が差別的／反差別的、意識的／無意識的にかかわらず、私たち調査研究者もけっして部落というカテゴリーを付与する「外部のまなざし」から免れていないのである。いいかえれば、反差別の立場だからといって、被差別部落という社会集団の単位に特権的な地位を与え、それを個人的、地域的に均一なものとして画一化することは、現実をみないという点では、日常的な社会における外部からの差別的なカテゴリー化のまなざしと機能的に等価なのである。〔四四〕

このような「言語論的に転回された権力論」のもとでは、なにかを一般化して語ることそのものが暴力となる。したがって、社会学の方法それ自体が再帰的な批判対象となるのは当然の結果である。桜井は特に「実証主義」や「実態調査」を激しく批判する。量的、質的どちらの調査も、実態を把握することが目的である以上違いはない。桜井にとって批判されるべきなのは、八木晃介がおこなってしまったような「調査者のストーリー」の当てはめのような、一方的で過剰な一般化だけではない。それなら、調査対象についての「別の解釈」を提示すればよい、ということになる。だが桜井は、そもそもどのような一般化もしてはならないと述べているのである。

さらに、桜井にとって、ある調査が暴力か暴力でないかは、調査者の「意図」には還元されない。差別を告発するどのような強い意志のもとでも、調査対象を一般化しているかぎり、それは「無意識の暴力」となるだろう。まず権力概念を「言語」そのものの働きにまで拡張し、さらにその「責任」を意図から切り離したことで、桜井はきわめて強力な理論を作り上げた。

この論文の数年後、桜井厚は、『インタビューの社会学——ライフストーリーの聞き方』という、自らの方法論である「対話的構築主義」のマニフェスト的な著作を刊行した。その冒頭部分で桜井は、実証主義的な社会調査、特に計量的調査の「政治性」を、激しく非難する。長くなるが、重要な箇所なので、以下に引用する。

> ライフヒストリー法の対象者の多くが、社会文化的に支配的な人びとや集団というよりも、マイノリティや被差別者、あるいは逸脱者の研究の経験に基づいていることが、そうした〔調査の〕目的がどのへんにあるのかの一端を例証している。多くの場合、既存の社会学的知識や仮説への批判、社会制度との葛藤や社会変動過程の複雑さの理解を深めることなど、が目的とされてきたのである。これまで主として量的調査法が依拠してきた実証主義は、結果的に「社会の抽象的な知識から女性や労働者や非西欧人の社会生活における経験的な知識を排除することによって、かれらの従属性を保つ」機能をはたしてきたという指摘がある……。たしかに社会科学者こそが社会と生活を説明するにたる十分な知識をもっているのが、実証

主義アプローチの暗黙の前提であった。研究者コミュニティ内で議論され、そこで理解されれば、調査対象とされる生活者にはわからなくてもこと足りる、すなわち、客観的に判断できるのは研究者であるという、研究者側の知識の優位が自明視されてきたのである。研究者コミュニティのなかで問題が提起され、仮説がつくられるという演繹的方法では、総じて既存の知識への批判は研究者の関心領域内にとどまり、生活者の側からの問題提起は受けとめられがたく、研究者自身の位置が問われることも少ない。

また量的調査の技法もこうした機能をはたす一因となっている。量的調査法ではサンプリングがたいへん重要な調査過程とされているが、統計的サンプリングには母集団の特性があらかじめわかっている公式統計が使われることが多い。しかし、マイノリティをはじめとする社会の周辺に位置付けられる人びとは、そうした公式統計では把握できなかったり、文字どおり大量調査のなかでは量的にマイナーであることによって隠されたり、無視されたりすることが多いからである。

従属的で抑圧された人びとのライフストーリーは、彼／彼女らの経験の表現であり、自らの社会的世界に意味をあたえ、さまざまな問題を明らかにするだけでなく、自己理解を促進し、自らの生き方を創造する助けとなる。「個人的なことは政治的である」とは、フェミニズムの言葉だが、これまで無視され、排除されてきた人たちが自分の言葉で過去から未来におよぶ自己の人生経験を語りはじめるとき、それは社会変革の基本的な道具となりうるのだ。

私は長く被差別部落の人びとのライフストーリーに耳を傾けてきたが、それは差別的で支配的な文化に対抗したり、違和感を示したりするだけではなく、彼／彼女らのコミュニティの解放理念からも相対的に自律した彼／彼女ら自身の語りを生みだす文化運動なのだ、という思いを強くしている。「何のための調査か」という被調査者自身からの問いかけは、被調査者を研究の客体としてしか見てこなかった実証主義アプローチでは、ほとんど顧慮に値しなかった問いであったが、新しいライフヒストリー研究では語り手主体から直接投げかけられる疑問であり、しばしばインタビューの過程でインタビュアーが真摯に受けとめ、また自ら問いかけなければならない課題となりうるのである。［桜井 二〇〇二：二三－二四］

引用文中の「解放理念からも相対的に自律した彼／彼女ら自身の語り」とは、こういうことだ。桜井は、たとえば部落を忌避し差別する意識、あるいは「物語」などを、「ドミナント・ストーリー」と呼ぶ。この物語を批判することはもちろんだが、それだけではなく、たとえば部落解放運動やゲイ・コミュニティの内部で理想化され一般化されて語られている「解放の語り」も、「モデル・ストーリー」と呼んで批判している。

たとえば、部落であることを隠していたのだが、解放運動と出会って、自らの出自に誇りを抱き、解放運動に参加していく、というような物語である。ドミナントな物語だけでなく、この理想化されたモデル・ストーリーも、定型的な語りとして批判されている。そして、それらの「枠にはまらない」、個人の多様な語りを収集しなければならないと説く。

さて、いうまでもなく、ここで批判されているのは単に量的調査だけではない。何らかの一般化をおこなう調査であれば、生活史でも参与観察でも、それは必ず暴力となる。この暴力を回避するために桜井が作り出したのが、「対話的構築主義」という方法論である。それは、語り手が「何を語ったか」ではなく、「いかに語ったのか」を重視する［同書二八］。語りは単なるデータではないし、聞き取りは単にデータを引き出すための道具ではない。インタビューの現場とは、なによりも語り手と聞き手の「相互作用」の場なのであり、語りは、その場のそのつどの相互作用の結果として「構築される」ものなのである。

聞き手が異なれば、また聞き方が異なれば、語りは別の「意味構造」を生みだし語られたことは聞き方によって生みだされたものではないかという疑問がわく。……眼を向けるべきなのは、ライフストーリーの生成に直接かかわるインタビューの場ではないだろうか。［二九］

これまでの実証主義アプローチでは、語られたことが体験されたことや起きた出来事を表象していると素朴に受け入れられてきた。しかし、言語学的知識は、言語の異なった機能（指示的、評価的など）をあきらかにし、これが語りの解釈に取り入れられつつある。ある人の体験した過去の出来事は、口述／記述される場合には言語的様式の制約を受けて表象される。つまり、過去に体験された出来事は、意図的な嘘や作り話でなくても変形されて伝えられる。そのうえ、語りには現在の語り手の動機が作用する。……語り手はインタビューの場で語りを生産する演技者であって、十分に聴衆（インタビュアー、世間など）を意識している。たんなる情報提供者（インフォーマント）ではないのである。その意味で、語りは過去の出来事や語り手の経験したことというより、インタビューの場で語り手とインタビュアーの両方の関心から構築された対話的混合体にほかならない。とりわけ、語ることは、過去の出来事や経験が何であるかを述べること以上に〈いま－ここ〉を語り手とインタビュアーの双方の「主体」が生きることである、という視点は、対話的構築主義アプローチにおいては基本的なことである。インタビューの場こそが、ライフストーリーを構築する文化的営為の場なのである。［三〇－三一］

このような方法を掲げる桜井厚は、実際に生活史を使って具体的にどのような論文を書いているのだろうか。例えば彼は、ある有名な論文のなかで、インタビューのプロセスを統制しようとするインタビュアーに対し、語り手がさまざまな戦略を使ってその統制を逃れようとしているところを描いている［桜井 二〇〇〇］。ある被差別部落での聞き取りの現場において、インタビュアーがしつこく語り手の生まれた年や出来事の起きた正確な年代を聞き出そうとしたのに対し、語り手はのらりくらりと逃れ続け、最後には「警察の尋問みたい」と述べたという。桜井はこのインタビュー時のスクリプトを詳細に分析し、インタビュアーだけでなく語り手もインタビューの進行に関与・介入しており、相互行為のなかで協働的に構築される聞き取りにおいて「多元的で多声的な語り」を理解するべきだと述べている。

桜井は、『境界文化のライフストーリー』のような、非常に面白い、だが「ごく普通の」オーラルヒストリーの本も書いているが［桜井 二〇〇五］、いずれにしても、もし桜井の方法に本当に厳密に従えば、生活史調査の論文は、インタビューの現場において生起する語り手と聞き手との相互作用をそのまま記述する、ということ以外にはなりえないだろう。

さて、桜井の方法論をこのように理解したとして、それでは彼は、本稿のはじめに紹介した「差別されたことありません」という語りに対し、どのような解答を与えているのだろうか。はじめにあげた論文のなかで八木晃介の「運動論的解釈」を強く非難したあと、その解釈に対抗して桜井が書いているのは、まず部落の人びとの「アイデンティティ」に関する議論である。そして、そのつぎに、「日常生活は戦略である」ということが述べられる。そのあと「個人主義的な才覚」「生業の多義的意味」「隠された世界」「頻繁な社会移動」「生活世界の変化」という見出しが並んだあと、論文のいちばん最後の文章で、桜井は「部落の人びとの生活世界のもつ多様でゆたかな意味を掘り起こす必要がある」［桜井 一九九六：六三］と述べて論文を終えている。

つまり彼は、「差別されたことがない」という語りに対して、現実の社会で差別があるとも、ないとも結論をつけていないのである。かわりに桜井は、被差別部落の多様な生のあり方を描くことによって、その答えに代えようとしている。

つまりここでは、非合理的な行為や語りにあったときに社会学者が取るべき、第三の選択肢が示されているのである。彼は、語り手の合理性を保持することで差別がなかったとも言わないし、差別の存在を保持するために語り手の合理性を否定することもしない。かわりに、彼は、語り手の語りの鉤括弧を外さない。その語りを括弧に入れたまま、いろいろなことが語られている、ということを示すことで、その問いをずらしているのだ。彼が答えようとしているのは、それが何であるか、という問いではなく、それがいかに語られているか、という問いである。

桜井は、他者の語りが「理解できない」とも述べていないし（社会学者としてはそのような主張はかなり難しいだろう）、現実そのものが「存在しない」と述べているわけでもない。だが、全体としてはやはり、なんらかの相対主義的な主張をしているように思われる。他者の言語がまったく理解できないとは述べていないが、少なくとも一方的な一般化や引用符の解除が暴力であると述べることで、彼は意味の理解から用法の分析へと転回しようとしている。そして、ライフヒストリーや「リアリティ」そのものがインタビューの現場において協働的に構築されると述べるとき、明らかに桜井はかなり相対主義に接近している。

ここで相対主義よりも問題となるのは、以上のようにまとめた桜井の方法論によっては、私たちは社会調査を通じて「実態を調査してそれを書く」ということが不可能になるということである。語り手の語りから、インタビューの現場がどのように組織化されているか、リアリティなるものがどのようにそのつど達成されているかを分析することはできる。しかし、例えば「差別されたことがない」という語りから、差別があるとか差別がないという、実態に関する叙述はできないのである。すでに引用した通り、対話的構築主義は、語り手が「何を語ったか」ではなくそれを「いかに語ったのか」を重視するのだと述べるとき、桜井は私たちに対して、語り手の語りの意味内容ではなくその用法を問うことで、語りの鉤括弧を外すことを禁止している。桜井厚は、語りの鉤括弧を一方的に外すことを暴力として定義したために、語りを鉤括弧の外に出すことができなくなってしまった。しかし彼は他方で、ごく普通のオーラルヒストリーの著作も書いている。私はこれは、かなり深刻な矛盾だと思う。

もちろん、用法の分析それ自体は可能でもあり、また正当な研究プロジェクトでもある。そして内容の分析と用法の分析は、それぞれ異なるプロジェクトとして並立できる。しかしそれを「同時に」おこなうことは困難である。

それはつまり、こういうことだ。もし現実というものが、そこにあるものではなく、すべて会話のなかだけで構築されるものであるなら、私たちができることは、例えば「沖縄戦とは何か」について書く、ということではなく、「『沖縄戦とは何か』が会話のなかでどう語られたか」について書くことである、ということになる。

用法を問いながら、同時に現実の社会について、語りを「つかって」、あるいは語りに「もとづいて」何事かを述べることができるだろうか。「差別されたことがない」という語りが、インタビューの現場でどのように使われたのか、その場の相互作用がそれによってどのように変化したのかを記述することはできる。しかし私たちは、そこから直接、差別というものがどのように作動し、どのような影響を与え、どのように人びとを規定し、そこで人びとはどのように生きているかという、現実の問題に関する複雑な描写を引き出すことはできない。私たちにとって可能なのは、実態の叙述と言葉の用法の分析とを、それぞれ並立可能だが別個のプロジェクトとして平行して進めていくことだけである。そして桜井は、その両方を実践するかわりに、片方をもう片方よりも「政治的に罪深い」というかたちで排除してしまったのである。かれは引用符の解除を、まるで語りの所有権の不当な移転であるかのように語っている。それならそれで、彼にはエスノメソドロジストになる道が残されていたはずだ。エスノメソドロジーは、相互行為分析のための非常に有力な経験的方法として独自の進化をとげてきていて、現代では膨大な蓄積がある。しかし桜井は、純粋な相互行為分析としての経験的方法を用いるエスノメソドロジストにはなりきらなかった。それは彼の方法にいまだに、社会問題の「内容」に対してのコミットメントがあるからである。桜井の方法が抱える問題のうち最大のものは、彼が肝心の対話の分析をほとんどしていないということかもしれない。

桜井厚の対話的構築主義の問題点は、彼が語りを現実の社会から分離し、そしてその語りを引用文として扱いその鉤括弧をつけたままにしたことにある。非合理的な行為や語りの解釈の問題から始め、一方的な解釈が複雑なねじれを生み出すことから、桜井はそれを暴力として禁止したが、引用符を解除しないままで世界について述べようとするという、新たな水準での方法的問題につながった。そしてもちろん、その背景には、語り手の語りを社会や世界から切り分け、それを世界から独立したものとして扱う「概念相対主義」のような考え方がある。語りの用法のみを分析せよという要求は、それが指示するものとは独立したものとして扱えるということが前提になっているのだ。

彼にとって「ストーリー」とは、現実的な、実在する世界と私たちの間に独立して存在し、世界と私たちとを媒介するスクリーンや眼鏡のようなものである。これは彼の思想的背景であるある種の構築主義やポストモダニズムと共有する考え方である。このような考え方を「概念相対主義」のひとつのバージョンとして捉えることができれば、D・デイヴィドソンによるそれへの根底的な批判は、ここでどうしても避けて通ることはできない。

さて、次節では、桜井厚の批判のために、いったんデイヴィドソンによる概念相対主義への批判、および、枠組と実在との分離という「経験論の第三のドグマ」に対する批判を簡単に参照する。その次に、概念相対主義を批判するプロセスでデイヴィドソンが明らかにしたいくつかの論点を通じて、桜井厚の方法論上の問題をもういちど考察し、そして結局のところ社会学における「実態調査」は何をやっているのか、そしてポスト構築主義の社会学が続けていくべきより「プラグマティックな方法」はどういうものになるのかについて、ごく簡単な見取り図を描きたい。

4 D・デイヴィドソンの概念相対主義批判と寛容の原則

デイヴィドソンは、「概念枠という考えそのものについて」という論文のなかで、「概念枠」という概念、そしてそれにもとづく「概念相対主義」を批判している。だが、かれの目的は、概念相対主義の批判そのものであるよりもむしろ、それを構成する「形式と内容の二分法」の批判である。この二分法は、デイヴィドソンによれば、クワインによって批判された分析と綜合の区別、還元主義という「二つのドグマ」に続く第三の、そして最後のドグマである。

デイヴィドソンの議論はおおよそ次のように構成されている。まず概念枠とは何かが説明される、それが実質的にはある意味で「言語」そのものであることが言われる。したがって概念相対主義は、異なる言語と言語の問題、つまり翻訳できない言語と言語の問題として捉えることができる。この「翻訳の失敗」について、デイヴィドソンはそれを全面的な失敗と部分的な失敗の二つに分ける。全面的な翻訳の失敗という問題については、何かの「活動」があり、それが言語であるということがわかっていて、なおかつ全面的に翻訳できないものの存在は考えにくいということが、タルスキの規約Tを参照しながら述べられる。次に、部分的な翻訳の失敗については、おおまかに翻訳の可能な対話の相手による部分的な間違いは、その場における即座の解釈のし直しによって修正することで対応するのだと指摘される。ここで、その再解釈は、コミュニケーションの相手がだいたいにおいて正しいことを発話している、という前提に基づいている。この前提のことを、デイヴィドソンは「寛容の原則」と呼んでいる。いずれにしても、概念相対主義、およびその背景にある組織化するものと組織化されるものとの分離という「経験論の第三のドグマ」は、それを正当化するのが難しい概念であることが言われる。

まずデイヴィドソンは、「概念枠」、そして「概念相対主義」という概念を、次のように定義している。

……概念枠とは経験を組織化する方法であり、感覚のデータに形式を与えるカテゴリー体系であり、個人や文化や時代が眼前の光景を探求するための視点である。一つの枠組から別の枠組への翻訳は存在しないかもしれない。その場合、一人の人間を特徴づける信念、欲望、希望、若干の知識は、他の枠組の人間にとって真に対応するものを持たないことになる。実在そのものが枠組に相対的であり、一つの体系で実在と見なされるものも、他の体系ではそう見なされないかもしれない。［デイヴィドソン 一九九一：一九二］

たしかに私たちはしばしば、経験を組織化し、現実を構築する枠組、あるいは言語そのものについて語りたくなる。そして、そのような枠組は、お互いに比較もできないし、それをそのままの形で理解することもできない。

　社会学において、現実と言語との乖離を前提とする理論は少なくないが、それらはおそらく、「他者性の感覚」と結びついている。私たち社会学者が住む世界は分断されていて、それぞれに分かり合えないままバラバラになっている。世界は異なる価値観や態度、感情、経験を持った小さな集団に分かれている。それらはおたがい対等ではなく、強い権力や権威、あるいは経済力を握った一部の集団と、それ以外の何も持たない大多数に区別されるが、それぞれのなかでもまた、どちらの性別か、どこで生まれたか、どんな文化的背景を持っているか、肌の色は何かなどによって、細かく分けられている。私たちの世界は、錯綜する複数の境界線によって複雑に分断された世界である。それは「他者」に満ち溢れているのだ。あるいはまた、この世界は、「非合理性」の世界でもある。ひとつの視点から見た合理性は、相容れない別の視点から見たとき、しばしば非合理性となる。私たちは、ウェーバーの時代から、はるか遠くまで来てしまったようにみえる。

　したがって社会学者はあらかじめ世界を分けられたものとして捉えがちであり、その理論もそれを前提にして作りがちである。私たちにとっては、「人間」よりも「他者」、「合理性」よりも「非合理性」、「理解」よりも「権力」のほうが馴染み深い。そういう社会学者の目には、D・デイヴィドソンの、たとえば概念枠相対主義批判や寛容の原理は、危険なほどポジティブなものにうつる。それは現実の差異、権力、葛藤、抵抗を洗い流し、幸福な他者理解へと私たちを連れ戻してしまうものにみえる。

だが、こうした翻訳不可能性はひとつのメタファーであり、そしてそれは間違った、「ミスリーディングな」［デイヴィドソン 二〇一〇：二〇七］メタファーである。

……いかなる言語も実在を歪める、という考えがある。この考えは、心が事物をあるがままに把握することがあるとしてもそれは言語なしにしか可能ではない、ということを含意している。これは、言語を（必然的に歪曲はするものの）不活性の媒体で、それを用いる人間の働きかけから独立だと考えることであり、間違いなく支持不可能な言語観である。［デイヴィドソン 一九九一：一九四］

……もしも心が歪曲なしに実在をつかむことができるのならば、心そのものがカテゴリーや概念を欠いていなければならないだろう。こうした特性のない自我は、哲学の世界のまったく別の部分に属すいくつかの理論にはなじみのものである。例えば、主体のすべての欲求、習慣、傾向性から切り離された決断に自由はある、とするいくつかの理論がある。また、心はそれ自身の知覚や観念の全体を見ることができると示唆するさまざまな知識理論も存在する。どちらも、心は自身を構成する諸特性から切り離されている。これは、すでに述べたように、ある種の論法からは避けえない結論であるが、しかしこの結論ゆえにわれわれは、つねにその前提を拒否せざるをえないのである。［同書 一九四－一九五］

言語を実在や経験と分離する考え方は、「特性のない自我」、「諸特性から切り離された心」、あるいは、構築されていない自己や社会というものを前提としている。デイヴィドソンはこうした言語以前の存在を否定している。

さて、概念相対主義の問題は、それが言語であることがわかっている二つの活動をしている二人がいて、そしてそれらがお互いに翻訳できないとき、そうした言語がそもそも可能か、あるいはそれは言語であるかどうか、という問題であるとしよう。デイヴィドソンの議論は、二つの言語の翻訳を失敗したケースを、「全面的な翻訳の失敗」と、「部分的な翻訳の失敗」に分けて進められる。

まずデイヴィドソンは、ある言語の翻訳に全面的に失敗する場合、これが言語であるということを否定する。

> ある活動形態はわれわれの言語で解釈できない、ということの証拠とみなされながら、同時に、その活動形態は発話行動でない、ということの証拠になってしまわないようなものは、何も存在しない。このことが正しいならば、たぶんわれわれはこう考えなければならない。つまり、われわれの言語で言語として解釈できない活動形態は発話行動ではない、と。[一九五]

デイヴィドソンは、概念枠の働きを、宇宙、世界、自然といった実在や、感覚刺激やセンスデータ、あるいは「所与」といった経験に対する、組織化と適合として捉えている［二〇三－二〇四］。このうち特に、経験や実在と「適合している」枠組というものが存在する場合、デイヴィドソンは端的に、その枠組は「真である」と述べている。概念相対主義の問題は、結局は「真であるにもかかわらず翻訳できない言語は存在しうるか」という問題として言い換えることができるのである。

可能な感覚的証拠の全体に理論が適合ないし対処するということは、その理論が真であるということに他ならない。理論が物理的対象、数ないし集合に量化をしている場合、その理論が全体として感覚的証拠と適合すれば、こうした存在者について語られていることは真となるのである。［二〇六］

すると、何らかの存在者との適合という考えによって言語や概念枠を特徴づける試みは、結局、真であるものが受容可能な概念枠ないし理論であるという単純な考えに行き着いたことになる。一つの枠組みを共有する者の細部の見解の相違を容認するために、概して真であるものが、と言うほうが恐らくよいだろう。したがって、われわれ自身のものと異なる概念枠の基準は、概して真だが翻訳可能ではないもの、ということになる。これが有効な基準であるかどうかという問いは、言語に適用された真理概念を、翻訳可能性概念から独立にわれわれがどれだけ理解しているか、という問いに他ならない。私の考えでは、回答はこうなる。翻訳可能性概念から独立には、真理概念はまったく理解できない。[二〇七]

ところで、ある言語、あるいはある文が真であるということは、どのようにして判定できるのか。この判定の基準として持ち出されるのがタルスキの規約Tである。

「「雪は白い」が真なのは、雪は白い場合その場合に限る」といった文が真なのは分かりきったことだと、われわれは思っている。ところが、このような日本語の文の総体が、日本語の真理概念の外延を一意的に確定しているのである。タルスキはこの観察を一般化し、真理理論の判定基準とした。タルスキの規約Tによれば、言語Lにとって満足のいく真理理論は、そのLのすべての文sに対して、「sが真なのはpの場合その場合に限る」という形式の定理を導出しなければならない。その際、「s」はsの記述によって、「p」はLが日本語であればsそのものによって、Lが日本語でなければsの日本語への翻訳によって、置き換えられる。もちろん、これは真理の定義ではないし、また言語一般に適用される単一の定義や理論の存在を暗示しているわけでもない。にもかかわらず規約Tは、特定の真理概念のすべてに共通する重要な特徴を、述べることはできなくとも、示唆してはいる。それを成功させているのは、既知の言語への翻訳という概念の本質的な使用なのである。規約Tは真理概念の用いられ方に関するわれわれの最善の直感を具体化している。ゆえに、真理概念を翻訳概念から切り離せるという仮定に基づいた判定基準では、われわれのものと根源的に異なる概念枠の基準として、あまり期待が持てないように思われる。[二〇七−二〇八]

ここでデイヴィドソンが当然のことしか言っていないように思えるのは、私たちがすでに言語Lを理解しているからである。ある文sが真である、ということを、私たちはどのようにテストしているのだろうか。それは、sを主体言語（メタ言語）における文pに置き換えることによってである。対象言語の文sが与えられているとき、それは対象言語における名前であって、まだ主体言語における文pではない。さて、私たちは言語Lを習得し、理解している。したがって、文pが何を意味しているかを、すでに「知っている」。ここで、もしpが真であるならば、それと置換されるsもまた真であるはずである。このようにして、pを利用してsの真理値が埋められる。要するに、これが私たちが「言葉を理解する」ときに起きていることなのである。

さて、pの置換によってsが理解されるとき、名前であったsは、主体言語のなかの文になっている。文sの解釈をおこなうものにとって、sは名前として言及され引用されている。しかし、それが主体言語のpに置換されることによって、sは話し手あるいは解釈者によって使用される文となるのである。sがpに置き換えられるとき、sは言及される文から使用される文へと転換される。重要なことは、私たちはpについてはその真理値を埋めることができるということである。pの真理値を埋めることができれば、それと等置されるsの真理値も自動的に埋められる。この意味で、「sが真であるのはpである場合その場合に限る」という文は、sが何を意味しているかを述べる文になっているのである。そして、同一の言語Lの内部でこのことがおこなわれているとき、文sは、その引用符が解除され、地の文となる。

概念相対主義にとって問題なのは、この真であることの判定のなかに、翻訳というプロセスが必然的に埋め込まれているということである。sはpに翻訳されない限り、その真理値を埋めることができない。sが真であることが判明しているということは、それはすでにpに翻訳されているのである。そして、もしこの翻訳が不可能であるなら、sが真であるかどうかは判定できない。つまり、ある枠組ないし文が与えられていて、それが真であり、かつ翻訳ができないという事態は、論理的に言ってありえないということになる。翻訳の全面的な失敗についてデイヴィドソンが与えた議論は、おおよそこのようなものである。

それでは、おおまかに翻訳ができている相手が、部分的に発した翻訳できない文についての問題は、どう解釈できるだろうか。この問題についてはデイヴィドソンは簡単に、おおまかに私たちと同じ信念や態度を持っている相手が、なにか理解できない言葉を発したときは、私たちはその相手に対する合理的な信念や態度の帰属を保持し、私たちの側の解釈を、その場で即座に変更するだろう、と述べている。これは社会規範ではなく論理の問題である。相手の信念や態度がおおむね正しいはずだという前提を優先し、その場における微調整で切り抜けるということを、普通の状況であれば私たちはしているのだが、これは社会的な規範や規則によってそのように命令されるか規制されているからそうしているというわけではない。相手の合理性に関する前提を保持し、不一致を最小限に（あるいはそれを有意味なものに）しようとすることは、コミュニケーションの論理的前提なのである。

信念に関する知識は言葉を解釈する能力を伴わない限り獲得されないから、出発点での唯一の可能性は、信念に関する一般的一致を仮定することである。話し手が真と見なすまさにそのときに（われわれ自身の意見で）実際に成立する真理条件を、話し手の文に対して割り振ることによって、われわれは最終理論への第一次的近似を手にいれる。

……この方法は不一致を除去しようとするものではないし、それは不可能でもある。その目的は有意味な不一致を可能にすることであり、このことはまた一致という基礎——何らかの基礎——に全面的に依存している。……寛大さは選択可能なもののひとつではなく、有効な理論を獲得するための条件である。……真と見なされた文への真と見なされた文の体系的対応をうまく確立しないうちは、犯すべき誤りも存在しない。寛大さはわれわれに強いられているのである。他者を理解しようと望めば、われわれは、好むと好まざるとに関わらず、

大部分の事柄において彼らが正しいと考えなければならない。［二一〇］

これが「寛容の原則」とよばれる原則である。繰り返すが、これはコミュニケーションの相手にある種の能力や合理性や首尾一貫した信念などを帰属させることを私たちに「強いる」ような規範的命令について述べられているのではない。これは単なる、相手と対話をしている以上、私たちはこういうことになっているはずだということの、論理的な指摘である。そしてデイヴィドソンは、「他者がわれわれ自身のものと根源的に異なる概念なり信念を持っていると判断できる立場」には私たちは立ちえないと述べている。ここには「概念相対主義のための言い分」はどこにも残っていないのである［二一二］。

論文の最後でデイヴィドソンはこう書いている。

枠組と世界との二元論を放棄することで、世界を放棄するわけではない。なじみの対象たちとの直接的接触を再び確立するのであり、またそうした対象たちのおどけた仕種が、われわれの文や意見を真や偽にするのである。［二一二］

さて、これまでのところをまとめよう。デイヴィドソンによる概念相対主義、あるいは「経験論の第三のドグマ」である「枠組と実在の二元論」の批判は、次のようになされた。まず実在と分離した言語を、「真だが翻訳不可能な言語」として定義し、さらに翻訳の失敗を全面的な失敗と部分的な失敗に分け、それぞれのケースについて考えられた。

概念枠とは、実在や経験を組織化するもの、あるいはそれに適合するものである。ところでデイヴィドソンによれば、経験に適合している文とは、真である文である。したがって経験に適合している概念枠や理論は、真であるような概念枠や理論である。ここで概念枠を言語と同義であるとして、問題は、真であるが「全面的に」翻訳できない言語が存在しうるかどうかである。しかし、タルスキの規約Tによれば、真であるかどうかの判定には、はじめから翻訳というプロセスが埋め込まれている。したがって、まったく翻訳ができないのに真であることが判明する文ないし言語は、そもそも存在できないということになる。

部分的な失敗についての考察は、寛容の原則を導入することで進められる。現に対話しているコミュニケーションの相手が、部分的に理解不能な発話をしたとき、それはお互いの概念枠が翻訳あるいは理解不可能な形で衝突しているのではない。そのようなことが起きたとき、私たちは、その場で即座に相手の発話の自分の解釈を修正して再解釈する。つまり、齟齬が生じたときに、相手に関する自分自身の信念や解釈の一部を変更することで、相手が自分と概して同じような信念や真の概念を持っているという前提を維持するのである。ここからわかることは、私たちはコミュニケーションの相手が「だいたいにおいて正しい」という前提に、常に必ず立っているということである。この前提は、規範的に強いられるものでも、自ら選択できるものでもない。原則として私たちは、対話の相手がおおまかに正しく合理的であることを想定しなければならない。この原則が寛容の原則である。

枠組と実在との分離に対するデイヴィドソンの批判をこのようにまとめたうえで、次節の結論ではもういちど桜井厚の対話的構築主義について考える。

5　ふたたび物語るために

ここで結論を先に言えば、こういうことになる。桜井厚がしたことは、語りや物語の価値を重要視すると言いながら、その鉤括弧を保持することで、彼が定義した「暴力としての実証主義」から距離を取るということだったのだが、いかなる一般化も禁止すること、つまり語り手の語りを引用符のなかに入れたままにしておくということは、それを全面的に翻訳不可能なものとすることと同じことなのである。要するに、他者の語りを私たちの言語のなかに取り入れ、例えば「この部落は昔は貧しかったです」という語りから引用符を解除して、この部落は昔は貧しかったと（あるいは貧しくなかったと）私たちが地の文で語るということが、私たちがしている「書く」ということであるはずなのだが、桜井は他者の語りの（対象言語から主体言語への転換としての）翻訳を不可能なものにすることで、私たち社会学者に、その語りを受け取ったあと、それに続けて何かについて「書くこと」あるいは「物語ること」を禁止したのである。もちろん彼が字義通りの禁止をしたという意味ではない。もし桜井の方法論を、彼が述べる通りに真に受けた場合、私たちは何も書けなくなってしまうだろう、という意味である。

その根底には、たしかに「差別されたことありません」のような、鉤括弧を外すことが困難な語りの存在がある。しかし、鉤括弧を暴力的に外すことを回避するために、鉤括弧を外すことそのものを禁止するよりも、私たちは私たち自身の理論や解釈にその場で変更を加え、対話の相手の合理性や信念の正しさを保持することもできるはずである。ここで問われているのは、「他者への配慮」を保持して相手の尊厳や合理性を尊重しながら、どうしたら私たち社会学者が地の文で何かについて書くことができるのか、ということである。

桜井厚が他者への配慮として翻訳の全面的な禁止を訴えたことは、すでに振り返ったように、理由のないことではなかった。八木晃介に代表されるような一方的で暴力的な解釈やカテゴリー化が、現在においても蔓延っていることから考えると、いったん語り手の語りを括弧に入れ調査者の恣意的な解釈を禁止することは、どうしても必要な作業だったにちがいない。桜井がもともとシュッツなどの現象学の研究からスタートしたことは偶然ではないだろう。

私たちは結局、何をしているのだろうか。たとえば、ある地域の「実態」を調査するということは、その地域をひとつの主語に見立て、歴史や構造における特性や特徴を、述語として割り当てるということである。量的調査であれば、データから何かを述べるための手続きが詳細に規定されている。あるひとりの語り手が、ある地域や集団について、何ごとかを述べたからといって、すぐにそこで述べられた内容が、その地域や集団に対して割り当てられるわけではない。代表性や有意性などについての基準や、サンプリングやコード化などの手続きがはっきりと決められているのである。ところで、この基準や手続きは何だろうか。それは調査の対象となった人びとの語りの鉤括弧を外すためのさまざまな規則である。すでに別のところで書いたことだが［岸 二〇一五］、量的なアンケート調査においても、数値を入力するのは人間である。対象となっている人びとの記憶や印象、判断などが、調査の現場において語られる。その語りを、本人や実査担当者が数値に変換し、調査票に記入していく。生活史や参与観察などの質的調査だけでなく、数値を扱う量的調査でも、そのデータのもとは、人びとの語りである。母集団を特定し、決められたやりかたでサンプリングをおこない、集めたデータを数値化し、標準的な統計的処理をおこなった上で、私たちは、ある地域や集団について、たとえばそこが高齢化しているとか、子どもが減っているとか、貧困が拡大しているとか、そういうことを述べる。要するに、実証主義的な量的手法による実態調査の手続きは、語り手の語りから鉤括弧を外し、社会学者が自分たちの地の文で、ある対象に対してひとつの、あるいはいくつかの述語を当てはめるためのものなのである。

こうした手続きはひとつではないし、量的なものと限られるわけでもない。また、その主語になるもの、つまり調査や分析の対象になるものも、地域や集団には限られない。しかし、調査するということは、あるいはもっと正確に言えば、調査してその結果を書くということは、おおまかに言って、このようなことである。語り手の語りの引用符を外して、私たちが地の文で書く。語られた言葉を書かれた文字に翻訳することが、要するに調査する、ということなのだ。

したがって、すべての調査は何らかの翻訳や解釈、あるいはカテゴリー化を含む。そして、調査者がマジョリティで、被調査者がマイノリティの場合は特に、その翻訳やカテゴリー化が、直接・間接の暴力を含むことがありうるし、あるいは場合によっては、それは暴力そのものでもありうるのである。このように考えると、桜井厚の「翻訳の禁止」は、「他者への配慮」という倫理に基づいていることがわかる。しかし、この配慮が、まず枠組と実在の二分法、あるいは語りと社会の二分法と結びつき、「全面的な翻訳の失敗」として社会学が捉えられるとき、私たちはどの語りからも鉤括弧を外すことができなくなり、結果的に私たちは何かの対象について何も語れなくなってしまうという、非常に奇妙なことが起こるのである。

語りと実在とを完全に分離してしまうと、私たちは実在について語る回路をすべて断たれてしまう。そしてこのことは、政治的な議論だけからは正当化できない。デイヴィドソンの言うように、「枠組と世界との二元論を放棄することで、世界を放棄するわけではない」のだ。私たちは、たしかに物語をつかって世界を語る。物語で世界をつくりあげている、とさえ言える。しかし私たちは、物語「だけ」を語ることはできない。たとえ虚構の語りであっても、それは常に「何かについての」物語である。私たちは、枠組と内容を分離することはできないのだ。

デイヴィドソンの寛容の原則に関する議論は、ここで特に有用であると思う。全面的に翻訳できない言語ではなく、おおまかにコミュニケーション可能な、真という概念や信念の体系をだいたい私たちと共有している相手から発せられた、特定の理解困難な言葉を、私たちは、自らの解釈の理論を修正・調整することで、相手の合理性や「正しさ」を保持しようとする。

「差別されたことがありません」という語りをめぐる混乱は、まさにこの点にかかっている。八木晃介の過ちは、被差別部落の当事者が差別されたことがないと語ったときに、語り手の合理性や能力を、「差別的な社会構造によって剝奪されてしまった」という論理を用いて、否定してしまったことにある。これに対し、谷富夫は、差別の存在自体を否定はしないが、その語り手の生活史において、明示的な被差別の体験は本当になかったのだと解釈している。このとき、この社会に差別が存在するという事実は、いくぶんか弱められてしまうけれども、それでも語り手に寄り添って、語り手の尊厳を尊重しているのは、むしろ谷のほうである。そして、語り手の尊厳を守ることと、差別の存在を否定しないということを同時に達成しようとした桜井厚は、そのかわり、「事実性」へと至る回路をすべて閉ざしてしまった。もちろん事実なるものは、社会的に構築されるものである（社会的に構築されるもの以外に、他に何があるだろう）。彼が閉ざしたのは、まさにこの事実を構築する手段だったのだ。私たち自身の事実を。つまり、私たちが書くための回路を、閉ざしてしまったのである。

私たちがここですべきだったのは、語り手の尊厳を尊重しながら、同時に差別が存在するということの重大性を棄損しないために、私たち自身の理論を変更することだったのである。私はかって、復帰前の沖縄から本土に就職や出稼ぎのために移動し、のちにUターンした人びとの生活史を聞き取ったことがあるが、そのときに、この語りに実際に出会った〔岸 二〇一三〕。この本の出発点はまさに、この「本土で差別されたことはありませんでした」という語りだった。

戦後の沖縄で「本土就職ブーム」がおこり、膨大な数の若者が六〇年代の日本本土へと渡っていった。そして、データによれば、そのうちの大半が後に沖縄にUターンしている。なぜ当時の若者はこれほど大量に日本へ移動し、そしてなぜ、そのほとんどが帰郷したのか。私が沖縄で聞き取りをした本土就職経験者のほとんどが、「内地で差別をされたことはありませんでした」と語ったのである。

私はもちろん、実際にその語り手の方がたは、明示的なかたちでの差別はされたことがなかったのだと判断した。生活史の語りは、過去を再現する、とは言わないまでも、少なくとも過去に言及する現在の語りである。たとえば実際には差別されたことがあるのにあえてそれを隠したり、あるいは明らかな差別に実際に遭遇しているにもかかわらず、語り手がそれをそうと意味付けていないために、聞き取りの現場ではそう語った、ということも、確かに考えられる。あるいは、例えばあの剝奪論的解釈のように、本人が明確に意図して「差別されたことがない」と語ったとしても、実際には差別されたことがあると解釈しうるケースは無限に考えられる。しかし私はそうしたケースをすべて考慮したうえで、それでもその語り手の方は、差別をされたことがなかったのだと理解した。

語り手の語りを否定したり、あるいは差別の実在を否定したりするかわりに、あるいは、その両方を避けるために事実への道を閉ざすかわりに私は、「日本と沖縄との歴史的・構造的非対称性」に関する私自身の理論に変更を加えることを選んだ。明示的な差別をされたものが、後にUターンという道を選んだのであれば、それは理解しやすい。しかしもし、差別されたことがないと語る沖縄の人びとが、それでも帰郷の道を選んだとすれば、むしろそちらのほうが本土と沖縄を隔てる壁が高く厚いということではないだろうか。このように考えれば、差別という概念は「狭すぎる」のである。華やかな本土の都会に憧れて移動し、現地で差別されたこともなく、東京や大阪で楽しく「第二の青春」を過ごした多くの若者が、後に沖縄にUターンしたことを考えると、これを「差別」という意味の狭い言葉で表現するには、あまりにも本土と沖縄の距離は隔たっていると考えざるをえない。私はこのことを、差別ではなく「他者性」あるいは「他者化」という概念で捉え、紆余曲折を経て、最終的に「同化圧力が強いほど、他者化される」という仮説に至った。

いずれにせよ、私が示したかったのは、語り手の否定でも、構造の否定でも、あるいは事実性の否定でもない、「第四の道」である。むしろ私たちは、事実性への回路を残したまま、理論の側に変更を加えることで、現実に対するさまざまな記述可能性を確保することができるのである。

このような、現実に対する多様な記述可能性をできるかぎり拡大することによって、たとえば自ら進んで公園に住むホームレスや、自ら進んで米軍基地の周辺に住む人びととの、歴史や文脈、生活世界や意味付け、動機や理由などを、つまりその「合理性」を、再び記述することができる。理由のないところに理由を見つけることが社会学の仕事のひとつであるなら、人びとの合理性をもういちど記述するために、その人びとがどういう存在で、どういう状態にあるのかを、私たちは書かなければならない。そしてそのためには、語りと実在とのつながりを取り戻し、語りから鉤括弧を外す必要がある。

　したがって私たちは、もういちど「社会について書く」ために、量的・質的データから事実に到達する際の「さまざまなやり方」を考えなければならない。私たちは、実在について語るだけでなく、実在について「正しく」語ることが必要である。そういう「さまざまなやり方」としての方法論を、なんとか考えださなければならないのだ。このことは、どうしたら可能になるだろうか。

　私はそれはおそらく、特定の、あるいは唯一の基準には依拠しない、非常に「プラグマティックな」プログラムになると思う。あるいは、なんらかの共同体のなかの開かれた討議によって「正しいもの」が決められるというマートンのモデルを、もういちど真面目に考えることが必要であると思われる。

　ここまで論じても、まだ最後に、他者への配慮の問題が残されている。「対話的構築主義」のような特定の方法論を採用すれば、それで他者への配慮となる、あるいは、他者への暴力をなくすか、いくぶんでも減らせることができるとする桜井の主張には、私はきわめて懐疑的である。

私にはそれは、ある種の免罪符として機能する以外に、この問題には役に立たないと思われる。私たちが語りを聞いて、そしてその後それについて書くということをおこなっている以上、たとえ対話的構築主義を標榜したとしても、カテゴリー化の暴力からは、原理的に逃れられない。私たちにできることはただ、特定のケースについての事実を蓄積していくことと、それを公の場で討議していくということしかない。この問題については改めて議論したい。

本稿の「草稿検討会」にて、北田暁大氏、酒井泰斗氏、尾形まり花氏、前田泰樹氏、海老田大五朗氏の諸氏に非常に有益なコメントと厳しいご批判をいただいた。また、矢田部俊介氏にも、書籍化の際の原稿に厳しいコメントをいただいた。心から感謝します。なお、言うまでもなく本稿の文責、特にデイヴィドソン解釈のそれについては、すべて筆者にある。

文献

ポール・ウィリス 一九九六 熊沢誠・山田潤（訳）『ハマータウンの野郎ども』ちくま学芸文庫
マックス・ウェーバー 一九六八 林道義（訳）『理解社会学のカテゴリー』岩波文庫
岸政彦 二〇一三『同化と他者化――戦後沖縄の本土就職者たち』ナカニシヤ出版
―― 二〇一五「量的調査のブラックボックス」『社会と調査』第一五号 社会調査協会
桜井厚 一九九六「戦略としての生活――被差別部落のライフストーリーから」栗原彬（編）『講座差別の社会学二 日本社会の差別構造』弘文堂

――二〇〇〇「語りたいことと聞きたいことの間で」好井裕明・桜井厚（編）『フィールドワークの経験』せりか書房
――二〇〇二『インタビューの社会学――ライフストーリーの聞き方』せりか書房
――二〇〇五『境界文化のライフストーリー』せりか書房
谷富夫 一九八九『過剰都市化社会の移動世代――沖縄生活史研究』渓水社
谷富夫（編）二〇〇八『新版 ライフヒストリーを学ぶ人のために』世界思想社
ドナルド・デイヴィドソン 一九九一 野本和幸・植木哲也・金子洋之・高橋要（訳）『真理と解釈』勁草書房
――二〇一〇 柏端達也・立花幸司・荒磯敏文・尾形まり花・成瀬尚志（訳）『真理・言語・歴史』春秋社
八木晃介 一九九二『部落差別論――生き方の変革を求めて』批評社

海の小麦粉——語りにおける複数の時間

沖縄の食堂で食事をしていると、いろいろと面白いことに出会う。あるとき、五八号線沿いにある二四時間営業の古い食堂で友人と食事をしていたら、店のおばちゃんが無言で突然、一〇kg入りの米袋を、私たちが食事をしているテーブルの上にどさっと置いた。私たちはあっけにとられておばちゃんを見たら、笑顔で黙って、店の奥を指差した。

あ、これ運ぶの？　あそこまで？　ええよ。

私たちは笑いながら、重い米袋を店の奥まで運んだ。

別の日、私はひとりで、ある小さな食堂に入った。看板も出ていて、扉も開いてたのだが、入ってみると、近所のおっちゃんと店のおばちゃんがテーブルで普通に談笑していて、あれっと思ったら、ああ、どうぞどうぞ、いま食堂やってないんですけど、と言われた。

ああ、やってないならいいですよ、と帰ろうとすると、またどうぞどうど、何か作りますと言われ、おっちゃんも笑顔でどうぞどうぞとテーブルの席を譲ってくれたので、なんか申し訳ないですけどとか何とか言いながら私も座ると、店の壁の茶色く日に焼けたメニューにカレーと書いてあったので、カレーくださいと言ったら、ありませんと言われた。

なにかあるものないですかと聞いたら、なんか適当に作りますよと言われて、待っていると、おばちゃんのお母さんらしいおばあちゃんが奥から出てきて、なにか相談しながら作り出した。あれも入れようね、これも付けようねと言っているのが聞こえてくる。

出てきたのは、およそ五人前ぐらいの野菜炒め定食で、五皿ぐらいのおかずもつけられていて、ご飯は要りませんと言って辞退して、なんとか半分ぐらい食べたが、さすがに残した。申し訳ない気持ちでいっぱいになり、すみませんごちそうさまでしたと言うと、五〇〇円ですと言われた。親戚の家に来た夏休みの子どものような気持ちになった。

沖縄に通って聞き取り調査や飲み歩きをしていると、こういうことはよくある。何か本土とはまた違った、ある種の感覚があるように思う。あまりささいな出来事に重い意味付けをしてもいけないのだが、なんとなく「ルールをその場でつくる」感覚、とでもいおうか、たとえば店員さんと客との関係も最初から一義的に決まっているわけでもないし、店がいま開いているかどうか、どういう食事を出す店なのかということも、客の顔を見てから決めたらよい。そういう感覚がある。

「沖縄らしさ」は、こうした些細なできごとからも感じることがあるが、たとえば日本とアメリカというふたつの大国に翻弄され蹂躙されてきた歴史や、いまだに日本政府からほかの地域とは「違った」扱いを受けているということ、あるいは、そうした特別な歴史や社会構造のゆえに、独特の文化を色濃く残していて、さらにそれが内地の人びとの欲望の対象になり、その独特さを手軽に消費されているという植民地的状況、そして、そうした植民地的状況に対して沖縄の人びとがこれまで粘り強く抵抗し闘ってきたということなどに、沖縄の「独特さ」「特別さ」を強く感じるのである。

しかし、この独特なもの、特別なもの、特有のなにものか、ということについて何か述べようとしたとたん、素朴な一般化、亜熱帯の気候や「民族的ＤＮＡ」みたいなものにすべてを還元する本質主義的な話法に陥ってしまう。

そうした語り方から逃れるために、沖縄的なものは「コミュニケーションのなかでつくられる」という言い方がされることがある。それは小さな、短いあいだの、そのつどの会話のなかで共同的に達成される「リアリティ」である、ということが言われる。あるいはそれは、もっと大きな規模で、メディアのなかでつくられるイメージである、ということが言われる。

一方では、素朴で乱暴な一般化としての実体論的な沖縄があり、他方で、相互行為のなかに雲散霧消してしまうような、構築主義的な沖縄がある。しかしここでは第三の道として、実体的でもなく構築主義的でもないような、沖縄の「歴史と構造」に埋め込まれ、そこで生み出され、語られ、伝えられるものとして沖縄的なものを考えたい。

沖縄の人びとの語りから、素朴実体論にも構築主義にも陥らないように沖縄的なものを再構成する、ということは、どのようにして可能になるだろうか。以下ではある「沖縄的なものについての沖縄的な語り」を手掛かりに、その道筋について考えたい。特に、「語りのなかに折りたたまれた複数の時間」について考える。

語りのなかに複数の時間が折りたたまれているという指摘は、様々な語りの理論においては、特に珍しい指摘ではない。ただ、それはどちらかといえば、構築主義的な理論のなかで考察されてきた。

語りのなかに複数の時間が同時に存在すること、あるいは語りのなかの時間というものが単線的にまっすぐ進まないということは、語りが世界から独立したものであり、相互行為のなかではじめて生み出されるものであるということの根拠として使われてきた。

しかしここでは逆に、ひとつの短い語りのなかに数十年にわたる時間が同時に存在しているということ、複数の過去が現在のなかに折りたたまれていることこそが、語りを歴史と構造のなかに置き直して考えることを可能にするのだということを述べたい。沖縄的なものは、多民族社会におけるロマンティックな他者でもないし、亜熱帯の気候のなかで受け継がれた「文化的DNA」が生み出すものでもない。同時にそれは、相互行為のなかでそのつど構築される単なる言葉なのでもない。沖縄的なものは確かに実在するが、それは沖縄の固有の歴史と構造のなかに埋め込まれている。私は沖縄的なものについての語りを徹底的に世俗化したいと思う。私はもういちど、語りと歴史との、語りと構造との、語りと実在とのあいだの結びつきを取り戻したいと思う。


本土の豆腐の作り方とここの作り方と、違うんですよ。いちいちあの、臼で挽いて、袋で絞って。ですから、海から拾ってきたメリケン粉の袋、あれなんか全部、袋になりましたよ、豆腐絞り用の。これで絞って、何ていいますかね。むこう（本土）はすぐ水に入れ（て冷やし）ますよね。こっちは温かいまま（売る、あるいは食べる）。ゆし豆腐といってから。とってもおいしいですよ。

これは、沖縄戦を体験したひとりの女性の生活史のなかで語られた語りだ。彼女はこの語りのなかで、一般的な沖縄の豆腐の作り方を説明している。それは内地の豆腐とは多少製法が異なり、にがりも海水を使用する。

この語りのなかにふと現れる、「海から拾ってきたメリケン粉の袋」。これは何だろうか。それは、沖縄戦の直後、凄惨な戦闘が終了して突然静かになった彼女の村の浜辺で彼女が見た風景とつながっている。私たちはこうして、七〇年前の沖縄のある小さな浜辺に、彼女と一緒に佇み、水平線の彼方を見る。そこに流れてくる、小さな箱。

もうそのとき（沖縄戦終了直後）から、配給はありますけど、お腹いっぱいっていうほどはないんですよ。おにぎり一個に、お味噌汁。缶カンにお味噌汁。何にも入ってないですよ、味噌だけ。粉味噌を溶かしてるんじゃないですかね。ひとりこれだけです。自分で行って並んで、もらってきて、おにぎりを食べて。

何かまた、欲しいですよね。そしたら、海の近くに、魚釣りに男のひとたちは行くんですけどね、流れてくるんですよ、何か。いろいろ。缶詰とか、流れてきますのでね、それを拾いにいくんですけどね、大人のひとたちは。

そのときに、いろいろ危ないものまで、拾ってくるんですよ。なんていうんですかね、メチルアルコール。そういうの拾ってきて、飲んでですよ。

——そんなもの流れてくるんですか

流れてくるんですよ。これはですね、危ないのはちゃんと、（警告のために）ヘビの絵が入ってるそうですね。ヘビの絵が。

お父さんたちはもう、お酒飲みたいもんですからね、探してきてからに。拾ってきて、飲むんですよ。何かを混ぜて飲んでたかって言いましたね。大変でしたよ、一日に何人か、あんな小さい村で、葬式があってですよ。メチルアルコール飲んでから。

うちの兄も、飲んできてるんですよ。そして目が見えなくなって。どんなして治したのか、いろんなものを、根っことか葉っぱ、草の根とかいろんなのを集めて、姉が煎じて飲ましたりして、いろいろやって、目、開いてましたね。（そのあと長生きして）九〇歳まで元気でしたよ（笑）

——良かったですねえ

ですけど、ひとりのおじいさんがね、（終戦当時は）五〇代ぐらいのときだったんじゃないですかね、（そのあと）七十何歳かまでお元気でしたけど、ずっと目が見えませんでした。そして、（他に）何人かまた、葬式してますけどね。メチルアルコール飲んで。だから男の人たち、これ我慢できないのかな、お酒、我慢できないのかなと（笑）。もうちゃんとこれ、毒だってわかってますよね。

それにまたあの、モービル。

――ああ、ガソリン

モービル。これを拾ってきてですね、てんぷらするわけですよ（笑）。これもわかってますよ、これも食べたら大変っていうのわかってますよ（笑）。各家庭でこれ少しずつわけて、てんぷらするわけですよ。これ食べたらまた、大変なんですね（笑）。もうしょっちゅう、行ったりきたり（笑）

――トイレに？（笑）

大変なんですあれも。

——沈没した軍艦から、浜辺に流れてくるんですかね

そうそう。それですね。

あの、メリケン粉とかも流れてきよったんですよ。小麦粉ですよね。厚手の生地に入ってました。上の方は潮で濡れてますけどね、中はきれいに取れるんですよね、水に浸かってなくて。あれを拾ってきたときがいちばんのご馳走でした。そしてこの、塩がついてますけどね、これもきれいに剝ぎ取って、のばして、太陽に干して。そしておじやに入れて、ぜんぶ食べたんですよ。そういうのがなければ、たぶん長くはいれなかったんじゃないですかね。

お皿まで来ましたからね、お皿。あの、錨の絵がついた。これは海軍のだよ、と姉たちが言ってましたけどね、これは海軍のお皿だと。錨の絵が描いたお皿が流れてきました。いろんなのが流れてきましたよ。

沖縄戦が終了した直後、戦場となった村の小さな浜辺で、子どもだった彼女は、海を見ていた。すると時折、水平線の彼方からさまざまなものが流れついたのだという。多くは木箱に入った小麦粉で、分厚い袋のなかに入っていた。表面は潮に濡れて固まっていたが、その部分を取り去れば、充分に食べることができた。海から流れ着いた小麦粉をお湯で溶いておかゆのようにして食

べることで、その村の人びとは飢えをしのいだ。

もちろん流れてくるものは小麦粉に限らない。それはドラム缶に入ったガソリンのこともあった。村の人びとはガソリンを火で熱して――危ないことをしたものだ――、そこで天ぷらを揚げた。それを食べたものは必ずひどい下痢になったという。ガソリンで天ぷらをしたという話は他の多くの語り手も語っていて、下痢の話も必ずセットになっている。ひどいときは、自分が漏らしているという感覚すらないまま「だだ漏れ」になっていた、という話がしばしば語られた。語り手によってはガソリンではなく機械油になっていることもあり、火で熱することを考えたら、ガソリンではなくこちらの方だったと考えるのが自然かもしれない。

あるいは、メチルアルコールに関する語り。これは漂着したものに限らず、米軍の物資をくすねてきたもの（当時の沖縄ではこうした「物資の調達」を「戦果」と呼んでいた）もあった。メチルアルコールを水などで割ったものを、男たちは好んで飲んでいて、それで体を壊したり、死に至ることもあった。この物語も、他の語り手たちによって、よく語られた。

あるいは、ときには警告の印が描かれた箱を開けたとき、そこにびっしりとガスマスクが入っていたこともあったという。

そして、彼女はここで、唐突とも思える話を語り出した。

私ね、不思議だったのは、最初に戻りますけど、先生から（取材申し込みの）お電話いただいてから、学校の名前ですよ、それを私、リュウコク大学って聞いたんですよね。

リュウコク大学って聞いたんですよ、聞き取れたんですよ。それでリュウコクは、琉は琉球の琉で、国の字で書いて（と初めは思った）。そして、むこうにですね、（老人クラブのスタッフの）Ａさん。Ａさんにね、まさか沖縄じゃないから、「琉国」のわけないですよね、琉球の琉なわけないですよねってお電話したんですよ。そしたら、いやあの、（空を）泳ぐ龍、その龍。あー、だったらわかりますよって言ってね。

そしたら、テレビから龍谷龍谷って聞こえてくるんですよ。私、高校のあれ見てました、高校野球。そしたら、文字が、まったく同じ文字が。コクは谷って書きますよね（笑）。出てきたんですよ。あれーと思ってね（笑）。もうこれもとっても不思議だったんですよね。そして、ああ琉球のリュウじゃないなって、思い直したんですけどね。なんか関係ありますか？

――高校野球ですか？　たぶん系列校ですね
ああ。たぶんそうじゃないかなって私そう思ったんですよ。そしてそれが不思議でしたね（笑）。

二〇一五年の夏に、当時私が所属していた龍谷大学の授業の一環として、学生を連れて沖縄を訪れ、二〇名ほどの沖縄戦体験者の方がたに生活史を語っていただいた。その聞き取り調査の実習は、ある地域の老人会の全面的な協力を得ておこなわれた。夏休みの聞き取り調査に先立って、私はすべての語り手の方に電話をしてご挨拶をするとともに、調査へのご協力に対してお礼を述べた。

前もって二〇名の語り手のご都合を調整していただいたときに、私たちが所属する大学の名前も老人会から伝えられていたのだが、「龍谷大学」という大学は関西では知名度が高いのだが、他の地域、特に沖縄ではあまり知られていない。おそらく老人会からの電話口で「りゅうこくだいがく」とだけ聞いておられたのだろう。はじめは琉球の琉に国と書いて「琉国大学」と思っていたのだが、わざわざ老人会に電話をして確認したところ、「龍谷」という表記であることが伝えられた。

ここで語り手は、「そしたら」と語っている。それが「ちょうどそのとき」なのか、「そうこうしていたら」なのかはわからないが、とにかく「龍谷」という名前を知ってからほどなくして、テレビからその名前が流れてきた。それは高校野球の試合中継で、たまたま二〇一五年の夏の大会に、佐賀県代表として「龍谷高校」が出場していた。この高校は龍谷大学の付属校ではないが、「遠い親戚」ぐらいの系列校の関係にある。

語り手がなぜ唐突にこの語りを語ったのだろうか。この語りは、すぐに次の語りにつながっていく。ここで、浜辺に流れ着いた小麦粉やガソリンが、本当はどこから流れてきたのかが明らかになる。

それからあの、流れてきたもの、自分たちがいつもおいしいおいしいって食べてたんだけど、拾ってきたものを、これはね、どんなふうにこの、どの船がやられてこんなして流れてきたのかな、自分たちが食べたこの缶詰とかそういうの、と思って。

新聞に、特攻隊の話があったんですよ、朝。ちっちゃいのですけど。これが気になって、切り取ってましたらね（テレビ欄の番組を切り抜いてメモしていた）。ちょうどその時間になって、テレビを見ながら。そしたら、この飛行機が、特攻隊の。それが、長野県、松本かな、に、飛行場があったんですよね。そこから飛んできて、沖縄まで来て、そこで体当たりしたという、特攻隊の話なんですよ。ちょうど私がみてるところがですよ。これもまた不思議でしたね、私は。

――テレビから関係するものがよく流れてくるんですね（笑）

流れてくるんですよ。「M村」（村の地名）と言ったもんですからね。あれーと思ってね、見ましたらね。ちょうど自分たちが山にいたころ。

よく男のひとたちは、山に登って、海を眺めていたみたいなんですよ。そしたら、その海には、アメリカの軍隊、船がぎっしり入っていて。そして、船から船に渡って、M村に渡れるほど船が入ってる（船づたいに足で歩いてM村に上陸できるほどの密度の船の数）っていう話はよく聞いてたんですよ。潮を踏まないで、Mにまで渡れるほどの船が入ってるよという話はよく、山のなかでも聞いてたんですよね。

そしたら、いつも上半身裸で、アメリカ（兵）は。そして（船の上で）音楽を大きく流して、なんか楽しそうにやってるんですって。

そこに日本の、日の丸の飛行機が飛んできて。そしたら、煙幕がかかるんでしょうね、この船に。すーっと飛び出して、煙幕でこうして、全部船をね、煙幕をかぶせて、ぜんぜん見えなくなったんですって。そこに日本の飛行機が飛んできて、そして、一機は当たらないで落ちて、水しぶきあげて。一回めこれは、船に当たるなあと思ったところで、ちょうど手前に、下からも落ちますよね、アメリカも。落ちて。そして、何の手柄もたてないで、二機とも沈んでいったっていう話を聞いてたんですよ。

それを思い出して、あれ（テレビ番組）を見てたらですね、一〇機ほど、飛んできたみたいなんですよ、M村の海に。そこで、みんな激突（突撃）したんですって。アメリカの船をですね、何隻かは沈めたそうですよ。

ああ、これかと思ってですよ！

――その船から流れてきた……

はい。それでね、みんなもう、特攻隊のみなさんの命をいただいたんだなと思ってですよ。そのとき。これを見ながら、ちょうど、あのとき缶詰おいしかったけど、これどんなふうにして来たものだったのかなと思って見ていたら、テレビとか一緒になって。だからもう、それがとっても不思議でですよ。最初の、龍谷もそうですしね。高校野球見てましたからね。この二つともとっても不思議なことがあったよって、家族にも話しましたけどね。

それで、そのときの兵隊さんたちもね、一七、八ですよ。M村にも、挺身隊、特攻隊ですかね。いました。海にむかって、壕を掘って、そこに入ってたんですよね。そこに。みんなやられて、出なかった（生き残らなかった）みたいです。もう、すぐ港にむかって（位置して）ますので。見えるところで、木（の枝や葉）でただ偽装してるだけでしたからね。ぜんぶやられたみたい。

だからもう、何から流れてきたのかなあと思ってですよ。

周囲みんな海ですから、山のぼっておりればみんな海ですからね、そこで魚釣りしながら、いろんなのが流れてくるのを、拾ってくるんですよ。よく、小麦粉は拾ってきましたよ。うちなんかも食べてました。だからそういうあれを見たとき（特攻隊のことをテレビで知ったとき）、私はもう……。やられた船にも、アメリカの若い兵隊が乗ってますよね。みんな命を落として。ちょっと潮が引きますとね、缶詰なんか、水たまりにたくさん残ってたんですって。それを拾ってくるわけです。

この短い語りのなかに、まず、語られているその場の時間が流れている。そして、そのすこし前に高校野球の実況で流れてきた、私の大学の名前。そしてもちろん、七〇年前の、あの海がある。最後に、そのあとかなり経って、おそらく数十年後に、たまたまテレビを見たときに流れてきた、特攻隊の物語。

ここでこの複数の時間をひとつの語りにまとめあげているのは、彼方から流れてくるもの、という共通項である。海から流れてくる小麦粉の秘密は、数十年の時を経たあとで、テレビから流れてくる音声によって解き明かされる。

高校野球の物語が先に語られているが、これはおそらく、同じように「流れてきた」ものとして、その場で想起されたのだろう。そしてさらに高校野球の選手たちは、特攻機に乗り込んだ日本兵や、彼らによって沈められた軍艦に乗っていた米兵たちと、ほとんど同じ年齢である。球児たちもまた、自分が始めたのではない大きな「戦い」に巻き込まれている。

七〇年前の夏に村の人びとを飢餓から救ったのは、特攻隊が撃沈した米軍の軍艦から流れてきた小麦粉だった。そしてその物語自体が、テレビの画面から流れてきたのだ。さらに、流れてきたものとしての、大学の名前。調査のためにその場に現れた私たちもまた、余所から浜辺に流れ着いた何かに似ている。聞き取りの場である公民館にたどり着いた私たちの正しい名を告げたのもまたテレビだった。そこに私とともに現れて、おずおずと質問を重ねた私のゼミ生の男子たちもまた、高校球児や特攻隊や米兵たちと重なって見えたことだろう。私たちが手土産として差し出したのは、小麦粉を焼いて作った菓子だった。幾重にも重なる、流れ着くものとその名前の物語。満ち潮のように現れた私たちは、引き潮のように内地に帰っていった。だが、語り手との間には、つながりが生まれた。いまもときどき電話で、何か書くたびに連絡をしているし、必ず原稿を送るようにしている。私たちと語り手の間には、いろいろなものが行き来する。

複数の時間を同時に経験することは、私たちの人生においては通常のことである。時間というものはそのように流れるものなのだ。現在の語りのなかに混在する複数の過去は、そのどれもすべてが実在している。それは新たに語り直されることによって曖昧になるのではなく、むしろ語り直され、聞き返されることによって、徐々にその意味が確定されていくのである。現実はただひとつしかない。しかしその現実について語るやり方は無数にある。同じように、時間は全員にとって同じように、単線的に流れていって二度と戻ってこないが、しかしその時間の経験の仕方や語り方は、無限にある。振動する時制に耳を傾けながら私たちは、目の前で生活史を語る語り手のなかに、それだけの時間が流れたのだということを理解する。

私たちは、そのなかでたくさんの時間が並存している語りをともに聞くことで、その時間を語り手とともに旅する。そして、そうすることで私たちは、語り手がいまここに実際に存在し、そしてその人生のなかに実際に多くの時間が経験されてきたことを、直接的に理解するのである。

沖縄戦体験の調査では、語り手の多くは高齢者であり、それだけ語りのなかには多くの時間が混ざることになる。そして、語りのなかで参照される時間的座標の多さは、語り手の内部で経過した時間の長さをそのまま表している。語りにおける時間は折りたたまれ、ひとつの語りのなかに複数の時間や空間が重なっている。そして、多くの時間が語りのなかに折りたたまれているからこそ、私たちは短い聞き取りを通じてでも、語り手のなかに流れた八〇年や九〇年という時間を想像することができる。

語りのなかの時間の複数性が、さまざまな経験が具体的な歴史のなかに実在していることを伝えてくれるのである。

私たちは、例えば自治の感覚や共同体の論理などに現れる「沖縄的なもの」について、どのように語ることができるだろうか。私たちは、本質主義に陥ることなく沖縄の歴史的経験や社会構造について語ることができるだろうか。それを風土や民族性や「文化的DNA」のような概念に頼ることなく、徹底的に世俗的なかたちで、それでも「実在する沖縄」について語ることができるだろうか。しかも、個人の生活史という、あやふやで、多様で、複雑なものから。

もし、行為規範であれ文化的慣習であれ、沖縄的なものが実際に存在するなら、そしてそれを実体論に陥らずに語るためには、それを特に戦後の沖縄が歩んできた固有の歴史に関係づけて語る必要があるだろう。あの沖縄戦を体験し、二七年にわたる米軍占領期を経て、そしていまもなお日本政府から他の都道府県とは異なる扱いをあからさまに受けている沖縄の歴史的経験や社会構造のなかに、自治の感覚や共同体の論理を位置づけて語る必要がある。

そしてそのときに必要になるのが、現在の語りを過去の経験に結びつけて語り直すことである。語りを「いまここ」の会話や相互行為に縛りつけず、もっと長い、複雑に折り重なる複数の時間のもとで、もういちど語る必要が――あるいは、私たちにとっては「書く」必要があるのだ。

生活史とは結局のところ、時間についての物語である。私たちはみな、現在に折りたたまれた過去に生きている。敗戦直後の経験は、まだここに存在する。それはまだ生きている。語り手はいまもあの浜辺で小麦粉の箱を待っているし、あの高校野球の試合はいまでも続いている。

海から流れてくるものや、米軍から掠め取ってきたものによって始まった沖縄の戦後は、そのままいまもまだ沖縄の人びとのなかに存在する。自治の感覚や共同体の論理に現れる沖縄的なものとは、つまり、私たち内地の日本人が経験しなかった戦後である。

プリンとクワガタ——実在への回路としてのディテール

質的調査におけるディテールとは、何だろうか。何のためにそれを書き、そしてそれは読み手にとってどのような意味があるのだろうか。質的調査をおこなう社会学者や人類学者たちは、生活史調査や参与観察で得たディテールを積み重ねて、自分たちが調査現場で深く巻き込まれたものを描く。このディテールはどのようにして書かれ、そしてそれぞれのテクストのなかでどのような効果を持つのだろうか。

質的調査をおこなってなにか書くときはいつも、もっとディテールについて書け、と言われる。私たちがめざすものは、ギアーツが述べた「厚い記述」である。そのために私たちは、調査対象者たちや自分自身の日常生活のなかでなされた、ちょっとした会話、ささやかな行為、目につかないほどの細やかな身振りを観察し、記述する。あるいは、生い立ちから今にいたるまでの人生の物語に、ただひたすらに耳を傾ける。そこには多くの、主題と関係のない逸話や脱線、世間話が含まれている。そういうものもすべて聞き取って文字起こしし、本や論文のなかに書きとめる。字数の制限があって、ほとんどのディテールは削られてしまうけれど、できることなら私たちは、集めたディテールをすべて記録したいと思う。

ギアーツが言うように、厚い記述とは、人びとの行為の意味や解釈や文脈を伝えるような記述である。人びとはすでに、自分たちの行為や言葉について、常に解釈をおこなっている。「片目を閉じること」は、文脈によって、瞼の無意識的な痙攣だったり、何かの意図を伝える目配せだったり、あるいはまたわざとおこなわれる滑稽な仕草だったりする。これらを区別するものが意味であり、文脈であり、あるいは文化である。そして、この行為や意味づけの文脈を描くために、民族誌的記述は「微視的」でなければならない［ギアーツ 一九八七：三五］。

だが、ただ細かいことをたくさん書けば記述が分厚くなるわけではない。あらゆる記述は、社会学や人類学の先行研究が蓄積してきた概念枠組のなかに位置付けられ、そのなかではじめて当人たちの解釈が再び解釈され、文脈付けられ、「理解」される。だから、記述が分厚くなることと、単にディテールを重ねることとは、別のことだ。だから私たちは、ある理論的な目的のもとでエスノグラフィーを書くことを意図して、そしてその枠組のなかでディテールを描く。

行為や会話の文脈やその理解は、ディテールの記述と解釈を抜きにしては不可能である。それは、理解や解釈が、行為や会話のディテールの「只中」でおこなわれるからだ。私たちがディテールを書くのは、「それを通じて」なにかを理解しようとしてのことではない。私たちがディテールを書くことそのものが、なにかの理解なのである。そしてその理解は、社会学や人類学の理論的な枠組のなかでおこなわれる。

ただ、ときにその枠組を超えるような、おそらくは書き手すら思ってもみなかったような、突出して具体的で断片的なディテールが、エスノグラフィーや生活史に紛れ込むことがある。これらは、どのようにして書かれ、そして調査者が書くテクスト全体のなかで、どのような位置をしめているのだろうか。あるいは、意図して描かれたディテールの、あまりにも突出した「具体性」に、私たちはいつも驚かされるのだが、こうした具体性は、どのような意味があるのだろうか。

本稿では、質的調査における断片的なディテールの役割について考えよう。そのために以下では、調査現場で出会ったディテールがどのように書かれているかを、書き手とともに辿り直してみたい（以下で取り上げるディテールとその解釈は、書き手の「はじめの意図」とはかなり異なっているかもしれないが）。

朴沙羅は、朝鮮人の「密航」に関する本を書いている。戦後すぐからサンフランシスコ講和条約にかけて、大量の朝鮮人が日本に渡ってきたが、かれらは「密航者」として扱われた。しかし当時は、かれらは少なくとも法的には、日本国籍を所持していた。かれらは「日本人」だったのだ。その朝鮮人たちが、なぜ密航者として扱われたのだろうか。

朴沙羅はこの「なぜ」という問いをずらし、「どのようにして」と問う。当時の日本人（日本政府）や駐留軍はどのようにして密航者を定義し、そしてそれに対して朝鮮人たちはどのようにふるまったのか。この歴史的な過程を描くために朴が依拠するのがオーラルヒストリーである。それは簡単に言えば、ある歴史的経験、ある歴史的事実に関する、当事者や関係者の語りだ。

ある出来事が起こったとき、その当時、その出来事に関わった人々しか知らなかったことがある。それはいまの私たちには想像できないけれども、教えてもらえば理解できる。その理解には、文献であれ口述であれ、資料の作成者が何を述べているかを理解することと、述べられていることを調査者の明らかにしたい事柄のなかに関連づけることとの両方が含まれる。その点で、インタビューで得られるデータには、歴史資料として文献資料と同等に価値がある。〔朴 二〇一七：五四、傍点引用者〕

人びとの語りをデータとして用いることには、さまざまな留保がつく。代表性や妥当性の問題だけでなく、そもそもそれはどれくらい信用できるものなのか、ということがまず問われる。そこからしばしば、そうした質的なデータについて、それはそれほど信用できないものではあるが、それでもそれはなにかについて語られていて、そして私たちは多様で複雑なイメージ、主観、感情、記憶、そして「物語」を読み取ることができるのだということが言われる。要するにそれは事実とは違うなにものかであり、正しいことについては教えてくれないけれども、それでも人びとの行為や生活についての直接的で共感的な理解をもたらしてくれるものとして語られている。

しかし朴沙羅はそういう考え方はしない。なぜなら、朴が知りたいのは、ある特定の時間と空間のなかでおきた、現実の、歴史的な事柄についてなのであり、また、その場に居合わせた人びとがそれをめぐってそれについてどのようにふるまったのか、ということだからである。そして、そのなかにこそ、人びとの多様で複雑なイメージ、主観、感情、記憶、そして「物語」というものは含まれるべきなのだ。

そもそも文献資料や物的な資料が、どの程度信頼できるのだろうか。それは、現在の語りと同じように、ある特定の時点で、特定の場所において、特定の人びとによってつくられたなにかであり、もしそれが正しいのなら、現在の人びとの語りも同じように正しいはずであり、もしそこに間違いが含まれているのなら、現在の人びとの語りにも同じように間違いが含まれているはずである。

したがって朴は、人びとの語りを、「少なくとも文献資料と同程度には」正しいものとみなす。あることについて知っている人がいる。そしてそれについて私たちも知りたい。教えてもらえばよい。私たちは、そのこととそれ自体をまったく同じように追体験はできないけれど、それでもその語りから、そのことについての多くのものごとを学ぶことができるだろう。もちろんそこには間違いや足りないところが含まれているだろう。だがそれでよいのではないだろうか。間違いはそれがわかったときに直せばよい。そのように研究は進む。

そしてこのことは、朴が実際に「密航」を経験した朝鮮人たちの語りをどのように引用しているかにつながっている。次の語りは、一九二五年に生まれ、一九五一年に日本に渡航したある女性の語りである。

李甲生：十八年ぐらい、トロク〔登録〕なしですんだよ。

＊＊：わあ、ほんまに。

李甲生：うん、トロクなしで住んで、いまのダンナ、前のダンナ別れて、いま、あの、あと来たダンナやけどな、亡くなって、いま警察がな、あの、いま□□とこあるけど、前はな、うち、○○の駅の、北のほうおった。ほったら、亡くなったらな、親戚のおじいちゃんもうちの兄さんでもな、登録作れへんかったらこっち住めへん言うて、オッサンが亡くなってる、言葉も知らんし、何も知らんから、自首しや、言うて、十八年サラして〔住んで〕、自首いろんな、嘘ついたらあかんやろ、そのままそーっと来たら嘘なんぼでもつくけど、ここミッコ〔密航〕で来て、みーんなそのソリュ〔書類〕が何十年でもあるからな、嘘できひんもん。

［同書 一九三］

この語りは、朴によって次のように書き直されている。

李甲生さんが言うには、李甲生さんは渡日後に最初の配偶者と離別し、別の男性と再婚した。その後十五〜十八年間にわたって登録証のない状態で生活してきたが、再婚相手が他界した際に、親族から、外国人登録証がなければ日本に住み続けることが難しい……［と語った］。［同書 一八五、括弧内引用者］

普通の（生活史やオーラルヒストリーを含めた）エスノグラファーと同じように、朴沙羅は書き直しの方だけを使わず、もとの語りもそのまま引用する。まず私たちは、トロク、「あと（から）来たダンナやけどな」、サラして、ミッコで来て、ソリュがあるから、という言葉を読んで――というよりは目で文字を聞いて、目の前でハルモニが語っているのを見る。その声を読む。私たちにはその手の甲の皺や、その白い髪が見える。

ここでなぜこのディテールが書かれているかというと、それはそれらが、この話の内容、つまり当時の朝鮮人たちがどのように日本に渡航し、そこでどのような社会的カテゴリーを執行され、どのような相互行為のもとで「外国人」という存在になるにいたったか、という歴史的事実の一部を構成しているからである。当時の日本に、そのような制度があり、そのような状況があり、そしてそのような相互行為のもとで、そのような人びとがつくられていった、という歴史的過程にかんする事実の一部に、それがたったいまそのことを経験した人びとによって、このような言葉で、このように語られた、ということが含まれているのだ。日本の戦後の政治的、経済的状況や、法的な制度、国際関係、占領統治、植民地主義、そういうもののなかに、トロク、あとから来たダンナ、サラして、ミッコ、ソリュという言葉もまた、含まれている。トロク、再婚したダンナ、ミッコについて書くこと、それらを書き残しておくことは、歴史を書くことと同じである。

したがって、これらのディテールは、読み手に対して共感的な、臨場感のある、想像力豊かな経験を喚起するためのものであるだけではなく（それはそれでもちろん大事な効果だが）、端的にそれがそういうふうに歴史的につくられ、そしてそれがいま語られている、ということを書くときに必要不可欠なものとなるのだ。おそらくトロクやダンナやミッコという言葉を使わずに、このことを書くことはとても難しい。もちろんディテールをすべて省略して書くことは可能なのだが(何だっていつだって可能だ)、しかし実際には、フィールドワーカーの多くは、そういうものを書き残す。

結局のところこうしたディテールは人びとの多様で複雑なイメージ、主観、感情、記憶、そして「物語」なのだろうか。おそらく、そういうものでもあるだろう、しかしここではたぶん、それだけではない。

樽川典子は、阪神大震災で肉親を失った人びとの語りを聞き取り、死をどのように受け止め、亡くなった家族をどのように語るかをまとめている。とつぜんもたらされる死によって、私たちは完全に切り離され、分断されてしまうのではない。生き残った人びとは、「そのあと」も続く日常生活のなかで死者との関係を維持し、それをつくり直していく。死の直後の否定や悲嘆、苦悩を経て、やがて私たちは死者と新しい関係をつくり出す。

たとえば死者たちは、「使命の付託者」であるとされる［樽川 二〇〇七：一一二］。生き残った家族が、亡くなった家族から付託されたものになる。残された家族を養育する義務が生じるのだ。家族の死後もなお続く人生を意味のあるものにするのは、残された別の家族である。あるいは、たとえば死者たちは、いまだ存在するものとして想起されつづける。あるいはまた、身体的なもの、物質的なものをよすがとして記憶される。
死別した家族との関係が維持される例として、次の語りが引用されている。

きれいにまとめて小さくドレッシングがついたサラダ・パックもありますでしょ。女の子やから、食べささなあかん思いましてね。ようてきますわ。嫁さんが、おったらこういう姿をみせてやって、いろんな会話もできるのになあと思いますねぇ。「(あの子の面倒を)ちっともみぃひんかったから、バチ当たってみなあかんねんで」と、今ごろ、陰で思うとるんかもしれません。嫁さんは、今でも横におりそうな感じがします。[同書 一五]

インタビュー当時五二歳の男性は、妻を失い、一七歳の一人娘と暮らしている。家事に不慣れな男性だったのだろうか、生野菜ではなく、スーパーやコンビニでよく見かける、少量だけつめられた、できあいの野菜サラダのパックのことが語られている。六角形の、透明な、固めのプラスチック容器に入った、ぱさぱさのキャベツや人参。蓋の上には、セロハンテープで止められた、小さなドレッシングの袋があり、そこには、「こちら側のどこからでも切れます」と書いてあるだろう。
サラダパックによって、まず彼が妻を失ったことが語られる。妻を失ったからこそ、それは生野菜ではなく、パックなのだ。そして同時に、サラダパックによって、まだ妻が生きていること、彼がまだ妻と会話をしていることが語られる。生野菜ではなくパックであることによって、彼は妻から、もっとちゃんと世話をしろと叱られるのである。そのような死者との関係性。
金菱清が集めた東日本大震災の体験者の手記のなかには、このような一節がある。

三月一二日午後から三ヵ月あまり、野田の親戚宅でお世話になりました。下着など一式頂いて、着替えをしました。そこには、反射式石油ストーブが二台あったので、お湯を沸かすことができ、お湯で体を拭いただけで、生き返った気分でした。暖かいご飯を食べさせていただき、本当に有り難かったです。体を拭く時に、下半身がどこもかしこもあざだらけで、黒くなっていました。今まで痛みはあまり感じなかったのですが、それを見たら急に痛みがはしりました。傷も何ヵ所かあったので、打身のところだけ、とちの実をぬりました。まだ、停電中だったので、電気が復旧するまで明るいうちに食事の準備をして、七時には布団に入る生活が続きました。［金菱 二〇一二：二六六］

とちの実、というところで読む目の歩みがとまり、検索してみると、東北地方の民間療法のようだ。いろいろなつくり方があるようだが、とちの実を使った塗り薬は、いまでもよく使われているらしい。どのようなものだろうか。どういう匂いがして、どういう重さで、どういう手触りだろうか。塗ったとき冷たいだろうか。それらの匂いや手触りや冷たさが、この出来事が東北で起きたのだ、という事実の一部を構成している。

語りのなかで唐突に出てくる固有名が私たちの目や耳を止めることがある。たとえば、西澤晃彦によって聞き取られた、寄せ場労働者の語りに出てくる、ある女優の名前。

もう、三八年前から山谷にいるよ。……俺がここに来たのは、ギャンブルよ、ギャンブル。それでさ、会社でもいろいろ言われるし、家、帰ってもさ、親とか嫁とか泣くもんだからさ、めんどくさくなってさ、ここにきた。かあちゃん、きれいだったぞぉー。ほれ松原智恵子って知ってるか？　あんな感じ。あんな感じよ。［西澤 一九九五：九〇］

読み手は、とちの実のときと同じようにここで手を止め、松原智恵子の画像を検索する。たくさんの写真が画面に表示される。そして、かつて、この社会のどこかにこの女性に似た女性がいて、誰かと結婚し、共に暮らしていた、ということを想像する。やがて夫はギャンブルにはまり、ある日突然、家を出る。松原智恵子という女優に似たひとりの女性は置き去りにされる。昔この世界のどこかの路地裏に、そういう女性がいたんだなと、画面に並ぶ女優の画像を見ながら思う。

あるいは丸山里美によって記録された、女性ホームレスの生活史のなかに突如現れる、慣れ親しんだ片仮名の言葉。

「やっぱりいいときはいいわね。一回行って七〇〇〇円くらいになった。それもね、二時ごろ行って、ほいで一〇時前に帰って来るのかな。そいで昼から本磨いて……。やすりで削るわけ。」〔だんなさんがやるんですか？〕「私がやる。」〔紙やすりで？……じゃあだんなさんが拾ってきてユウコさんが磨く？〕「うん、であとは二人で……。」……〔どこに持ってくんですか？　古本屋さんに持ってくんですか？〕「あのね、ブックオフ。」〔雑誌とかも？〕「うん、雑誌も。」〔丸山 二〇一三：一六二〕

普段よく利用する店の名前が出てくると、一挙に臨場感が出るが、この文は単に臨場感があるだけではなく、私たちと彼女たちの世界が直接つながっていることを教えてくれるのである。私たちが歩く道に、出かける街に、立ち寄る店に、憩う公園に彼女たちはつねに存在していて、そこでなんとか生を維持している。ブックオフという、あまりにも日常的で慣れ親しんだ言葉から、私たちはそのことを知る。この言葉はさらに、ホームレスの人々がどのようにして生計を維持し、生活を営んでいるかを伝えている。あのいきつけのブックオフでそういうことがあるのか、と読者は思う。

上間陽子の著作は、沖縄について書かれたテクストの歴史のなかで際立っている。上間はほとんど初めて、沖縄の内部の亀裂についてまともに書いたのである。特に、女性への暴力を。上間は、同じように沖縄の下層コミュニティを調査する打越正行とともに、経済的に厳しい状況にあり、男性たちからの暴力にさらされ続ける若い女性たちの声を聞き取っている。上間の本や論文が伝えるのは、このような沖縄である。引き裂かれた沖縄の物語が、私たちの沖縄のイメージを覆す。

「優歌」は二〇代前半の女性で、建築業の父親、清掃業の母親と、一家六人で2DKのアパートで暮らしていた。一七歳で出産した彼女は、夫の暴力に耐えかねて、ある日包丁を振り回し、それで離婚されて子どもも取り上げられた。

やがて彼女に新しい恋人ができたのだが、その男も「殴る男」だった。そして彼女は、クワガタについての話を語る。

親戚の子どもが部屋に勝手に入ってきて、クワガタを決闘させるっていって、決闘させて、部屋、汚して、土だらけにして、そしたら、あいつ、帰ってきて、「部屋片付けろ」って怒鳴って、ひとりで部屋片付けた。……クワガタ、一匹は、もう、死にがたぁ（＝死にそうに）なっている、決闘させられて。

……（クワガタは）お父からもらった。この前、実家帰って、ご飯食べて、「またAに行く」［引用者註：恋人と同棲している場所］っていったら、お父に、「クワガタもっていけ」っ

てもたされた。……意味わからん。わかる？［上間 二〇一七：三〇‐三一］

龍輝という名の恋人と同棲しているアパートに、龍輝の親戚が遊びにくる。その子どもが部屋に入ってきて、優歌が部屋で飼っていたクワガタと自分のクワガタとを、勝手に決闘させて遊ぶ。優歌のクワガタは何度も何度もいじめられ、弱って死にかけの状態になってしまった。部屋の畳かカーペットの上で、直接遊んだのだろう。床は土で汚れてしまった。それを見た龍輝に、優歌はまたも怒鳴られる。

これは、一読で頭に入らないほど、奇妙なエピソードだ。DVの男と暮らす若い女性である優歌と、クワガタという昆虫がうまく頭のなかでつながらない。

クワガタの物語が表しているのは、まず男たちのありようである。小さな男の子たちの、昆虫を捕まえてカゴに入れ、小突いて興奮させ、どちらかが死ぬまで無理やり戦わせるという遊び。濃密な親戚づきあいのなかで、他人の部屋にまでずかずかと入ってきて、他人のクワガタが死にかけるまで「決闘」させる、沖縄に限らない「男の子」たちの、乱暴な、暴力的な世界。

そうした男の子たちの物語であることに加えて、これはまた無力な父親の物語でもある。娘の同棲相手がDVの常習者であることは、すでに家族みんなが知っていることだった。食事の最中に娘は、その男のもとへ帰っていくと話した。父親はその娘にクワガタを持たせた。

なぜそんなことをしたのか。その父親は小動物が好きで、クワガタや金魚などがたくさんいたという。彼は自分がかわいがっているクワガタを娘に託したのだが、それは、父親が娘の彼氏に対して、無力だったからだ。彼には娘の彼氏のDVをやめさせる腕力も資力もない。そもそも、そういうものが「暴力」であって、なんとかしてやめさせなければならないという発想もなかっただろう。それは女たちが耐えなければならないことであり、彼は自分の娘のことを心から哀れんでいただろうけど、警察や行政に相談して、どんな手段をつかってでもやめさせる、ということは思わなかったはずだ。

このエピソードが奇妙に思えるとすれば、それはおそらく父親が娘に託したものが、その当の彼女にとってまったく興味がなかったものだからだ。DVの男に身も心も縛り付けられる娘へのおくりものとして、クワガタはあまりにも唐突すぎる。父親の意図を、地の文の書き手である上間陽子に説明されて、ようやくこれは理解可能な話になるのだが、それにしてもクワガタという言葉は、具体的なエピソードとディテールを連ねて書かれたこの本のなかでも、突出して具体的で、あまりにも奇妙で、だからこそ、それがそのときその場所で実在していたということを強く印象づける。

土で汚れた部屋を見て恋人は、怒鳴ることしかしない。優歌は彼の親戚の子どもたちによって自分のクワガタが死にそうなめにあっているのだが、黙って部屋の掃除をする。男たちは、他人の部屋にまで勝手に入り込んで、生き物をいじめて遊ぶ。そして優歌を怒鳴りつける。さらに、優歌を哀れむときでも本人のことを理解しようとしない。ただ、自分が可愛がっているものを与える。それが相手にとってどういう意味なのかは考えない。要するに、ここで優歌は徹底的に、誰からも理解されていないのだ。父親の愛、という意味づけをされてはじめて私たちは、それがそういうものであると理解することはできるが、それにしてもなぜそれがクワガタだったのか、ということについての問いは残ったままになっている。

この奇妙さとともに、あるいはこの奇妙さのなかで、優歌がそのなかで暮らさなければならない社会関係がどういうものであるかが描かれている。つまりそれは、親戚の子どもが勝手に部屋に入ってくるような濃厚な共同体のなかで暮らしていながら、誰からも理解されていない、そういう状況である。沖縄的な共同性と、女性たちの生活の過酷さや周囲の無理解が、クワガタの話のなかで同時に描かれているのだ。逆に、女性たちの負担の上にこのような共同性が成立しているのだ、とさえ言えるかもしれない。

坂田勝彦は、ハンセン病療養所の多摩全生園で五〇年以上暮らすNさんの生活史を聞き取っている。Nさんは当時八七歳の男性で、若いころ大阪の町工場で職人として働いていた。しかし成人後に発病し、全生園に入所することになる。彼は入所前の職人時代に、三〇円の月給から二〇円を出して、ひとつのコンパスを購入し、愛用していた。のちに全生園に入所することによってそのコンパスは使うことができなくなったのだが、施設のなかにプレス工場がつくられ、Nさんはそこで再び職人として働くことになる。そのときに彼は、むかし手にしていたコンパスを、ふたたび手にしたのである。

ここでコンパスは、失われた自己と、ふたたび回復された自己の象徴としてNさんによって語られ、そしてその語りが著者によって詳細に引用されている。Nさんの生活史の語りのなかで、このコンパスはもっとも重要な役割を果たしている。

そして同時に、次の語りにも目がとまる。全生園のなかに設置された工場で「再び」働き出したところの話である。

そんな彼が、プレス工場の仕事にはのめり込んでいったという。例えば、彼は働き始めるとまもなくある工夫を試みた。その一つが、スポット溶接をする際、「治具」と呼ばれる工具を独自に作成したことである。「こう（両手で板金とドリルを表現しながら）付けるときにきちっと付けられるよう、同じものをその寸法のところに付けられるようなその装置を作ったの」。プレス工場ではスティプラーだけでなくさまざまな製品や部品を作っていたが、彼が担当したスポット溶接は特に精密な技巧が必要だった。彼はそこで使っていたドリル（ステンレスの板に穴を開けるための工具）……を取り出し、絵を描きながら、その仕事を振り返った。［坂田 二〇一二：一三五］

「こう付けるときにきちっと付けられるよう、同じものをその寸法のところに付けられるようなその装置」という説明は、これで十分なものだ。それはたぶん、何かの部品と、もうひとつのなにかを、ぴったり合わせて固定して、正確に作業をするための補助的ななにかである。ここまでわかれば、説明としては十分だ。

しかし同時に、ここにはやはり、ある種のわからなさがある。それがどういう形で、どういう質量で、どれくらいの大きさで、もっとより細かく具体的に、どのような作業のときにどのように使うのか、ということは、わからない。そしてここで、そのわからないということが、この短い語りの背後に膨大な身体の記憶が蓄積されていることを読み手に伝えている。

私たちのほとんどは、何らかの日常的な作業に習熟している。それは会社員でも料理人でも教師でもプレス工場の作業員でも同じで、仕事というものはすべて、それぞれのルーティン的な作業の集積として経験され、実践される。そしてその活動は言語化されつくすことはほとんどなく、だいたいは非意識的な状態でおこなわれているのである。

自分が慣れ親しんだ日常的で身体的な活動を、それに慣れ親しんでいない他者に言葉で伝えようとするときに、この語りのようなわからなさが現れる。この語りは、その微妙なわからなさによって、むしろNさんの職人という生き方を直接伝えるものになっている。そして、だからこそこの短い語りは、そうした明示的に言語化されない身体的な作業に習熟したNさんにとって、その労働の現場から切り離されることがどういうことか、また施設のなかでふたたびその労働に出会ったことがどのような意味を持っていたのかを表現しているのである。

外の世界から切り離されたハンセン病療養所で入所者たちが「意味」を回復していく過程は、多くの研究者によって描かれている。有薗真代は、長島愛生園で一九五三年に「あおいとり楽団」が結成された当時の様子を、リーダーであった近藤宏一へのインタビューから再構成している。以下は当時楽器のなかでも高価だったドラムを、入所者のメンバーたちが手作りする場面である。

太平洋戦争の頃、戦意高揚のため園内で使用されていたドラムを誰かが思いだしたそれを倉庫の隅から引っ張り出してみたが、肝心の皮がすべて破れている。もちろん皮を買うことなどできない。砂糖袋で代用することにした。配食所から砂糖袋をもらってきて、糸をほどき、一枚の布にする。それを丁寧にドラムに張り合わせてみたが、音がでない。布に油を塗って、天日で乾かすという方法を思いついた。しかし、油を買うこともできない。配食されたおかずの豚肉のなかから脂身だけをとっておき、それをフライパンで炒めて油をとった。油を塗っては乾かすのを繰り返すと、みごとにスネアドラムの響きを生み出すことができた。スティックは使い古しの盲杖、シンバルは鍋蓋、ドラムペダルはカマボコ板を利用した。
［有薗 二〇一七：六〇－六一］

道具に関する語りのなかで、あるひとつの「人間の行為に関する理論」が語られる。私たちは身近な道具によって世界そのものと直接つながっている、ということ、そしてその道具は、単に正確に測定したり楽しい音を出したりするだけのものではなく、それによって私たちはまさに、意味ある世界をつくりあげることができるのだ、ということ。

具体的なモノとの関係のなかに、私たちが世界と接する際のその接し方があらわれる。次の例はモノではなく家畜だが、人間と人間ではないものとの関係は、そのまま社会のあり方をあらわしているのである。比嘉理麻は沖縄社会における人と豚との複雑で多様な関係を描いているが、畜産家自身が豚と物理的に距離を取ることがあることを述べている。

……社長はメディアによる取材のときに、ブタと写真を撮る機会がある。そのとき彼はブタの背中に手をおくようカメラマンから指示されることがある。その場合、社長は片手以外のどこもブタに触れないよう、細心の注意を払っているように見える。撮影時に、社長はブタを押すように腕を伸ばし、ブタの背に手をかけ、自身とブタの距離を最大にとる。写真のモデルとなるブタはおとなしくて動かない個体が選ばれるが、ふいに動いたとしても、ブタの体が直接衣服に触れることのない距離が保たれるのである。撮影後すぐに、社長はその手を石鹸で洗いに行く。[比嘉 二〇一五：九四]

取材にきたメディアからすれば、豚とフレンドリーに接する社長の写真を撮りたい。しかし日常的に豚と接する社長の側は、「世間の目」を内面化していて、できるだけ自分に豚の匂いがつかないようにしている。この場面は、その感覚をよくあらわしている。この社長の微細な身体の動きのなかに、動物の肉をよく好んで食べるのに畜産や屠畜自体は激しく忌避するような、きわめて矛盾する社会の視線が交差しているのだ。

この視線は地域の共同体においても深く根付いている。比嘉は、ひとりの養豚家が地域のなかでどのような扱いを受けているかを書いている。

……豚舎脇で筆者と世帯養豚の夫が午前中の餌やりを終え、雑談していたところ、一台の自動車が通り過ぎて行った。彼は運転席の男性に対して、軽く頭を下げ、会釈した。ところが、運転席の男性はそのまま前方を向いたまま、こちらを見ず、走り去っていった。それに対して、彼は「ブタがくさいから、村の人が挨拶しない」と筆者に言った。［同書 一〇六］

あるいは、山北輝裕が描く、ある「異装」と踊りの場面。五〇歳の女性ホームレスが病気で亡くなった。公園での彼女の葬いに参加した山北は、次のようにその情景を描いている。

「今日は、徹夜ぞ」「線香がさびしくなってる」と霊前につきっきりで線香をたやさない仲間たち。私も線香をあげたり、祭壇の菓子などを食べたりしている。仲間たちは酒を飲み、思い思いの話をする。ふと、一人の仲間が、彼女の小屋へと入っていく。どうしたんだろうと思っていると、その仲間が寝間着を着て小屋から出てきた。それは彼女が病院で着ていた寝間着だ。彼女がしみじみするのを嫌っていたからだろう。歌と手拍子がはじまる。仲間たちの歌がとまらない。「月がでたでた月がでた……」。炭坑節などのオンパレードだ。一人の歌が終われば、次の人が歌う。昔、歌手か浪曲でもやっていたのか、いい声が高架下に響き渡る。彼女の寝間着を着た仲間は踊り狂う。凄まじい光景だ。[山北 二〇〇六：二二七]

石岡丈昇は、実際にマニラのスラムにあるボクシングジムに入門し、ボクサーたちと共に暮らして、その「意味世界」を丹念に描いている[石岡 二〇一二]。石岡がともに暮らしたのは、フィリピンのボクシング界でも底辺に位置するローカルボクサーたちである。彼らは、有名なチャンピオンになって多額のファイトマネーを手にすることを夢見て、過酷な減量やワークにはげむ。その人生は、決して見返りの多いものではない。

マニラのスクオッターでの暮らしのなかで、石岡はたくさんの象徴的な場面に出会っている。以下はそのひとつだ。彼の知人が、妻を裕福なオーストラリア人に横取りされてしまう。

酒を飲みながら彼は言う。「子供のことを考えたら、オーストラリアに行くのが良いってわかってる。フィリピンには仕事がない、スクオッターには仕事がないし、学校にもやってやれない」。そう語って押し黙る。そこに集っていたのは一〇名くらいだったろうか、誰もが彼の窮状を知っていた。天井のトタンを眺める者、足を組み直す者、空のグラスを見つめる者。皆、酒に酔い、赤目になっているから泣いているのかどうかはわからない。場は沈黙する。彼は静かに泣いた。

その時である。反対側に座っていたひとりが、声を上げて泣き真似を始めたのだ。「ウエ〜ン、ヒ〜」。目を擦りながらの渾身の演技である。それにつられて、もうひとりも、さらには別の者も、泣き真似を始める。［石岡 二〇一三］

山北の描いた場面と、石岡の描いた場面はどちらも、次のことを教えてくれる。バラバラになりそうなその場の人々をつなぎとめるために、茶化すこと、ふざけること、はめをはずすことがある。そうやって私たちは、なんとかつながりを維持している。

多くの質的調査において、このような人びとのあいだのつながりや距離感が描かれている。そこで描かれているのは、濃厚な共同体的なつながりというよりも、より微妙で多層的で流動的なものだ。それは、質的調査というものがもともと、はっきりとさだまったものよりも、そうしたより微妙で多層的で流動的なものを描くためのものだからだ。そしてさらに、つながりと言ってよいかどうかすらわからないような、ささやかな、断片的なふれあいもまた、質的調査のなかでしばしば描かれる。

ワシは、今生活保護もろて暮らしていますけどな、アオカン（野宿）しているときは教会に随分世話になりました。そらあのときは食べるもんもおまへんやろ。だからまぁ言うたら炊き出し目当てですわな。でも、それだけと違って、せやねえ、牧師とね、握手するためですわな。伝道集会に行ったら、牧師が「元気にしとったか？」って握手してくれるんやね。それが嬉しいてね。昔は随分世話になったしね、顔見せに行っているんですわ。牧師からはいつも「信仰をもたなアカンで」って言われるんですわ。このまえは「信仰をもたな握手せえへんで」って言われてね、困りましたわ。［白波瀬 二〇一五：八二］

これは白波瀬達也が聞き取った、元ホームレスの男性の語りである。調査当時、この男性は野宿の状態から抜け出し、生活保護を受給していたのだが、それでもキリスト教会の伝道集会の炊き出しに参加している。それは、単に食事をとるためではなく、牧師に手を握ってもらうためなのだ。ホームレスの男性たちにとって、身体を触ることや、触られることの意味は、どういうものなのだろうか。

鍾家新による、在日華僑の生活史の聞き取りでも、「手をつなぐこと」について語られている。語り手は一九六二年に台湾から来日した男性で、妻を連れて台湾に帰国して父親と会ったときのエピソードを語っている。これは、九二歳で亡くなった父親の思い出を語る一連の話の一部になっている。

たとえば、私が家内と台北に行くと、父も来てくれて、一緒にホテルに泊まるんですが、夜、街を散歩するでしょ。家内はああいうおおらかな人だから、恥ずかしくないの。父の手を引っ張る。父が転ばないように、一緒に手を取って歩こうとするのです。でも、父は昔の人だから、そんな恥ずかしいことはできない。爺がそんなことをしてはいけないと非常に厳しい性格の人だから。ところが、家内は〈お父さん、お父さん〉と実に明るい。父は恥ずかしくてしかたがないんだけれど、まあ自分の娘と思って、一緒に歩いていましたよ。［鍾二〇一七：一九九］

次の語りを語っているのは、調査当時四六歳の女性だ。高校の教員になったばかりの二四歳のときに、拒食症になった。これは中村英代が聞き取ったEさんの「回復の語り」である。生徒からさしだされたひとつのおにぎりがきっかけとなって、Eさんは拒食症から「回復」していくことになった。

周りの人は体調が悪そうだからとかいろいろあって、すごく親切にしてくれる。で、最初は人の親切が嫌だった、うざったかった。だけども、ある時ホントに寝込むところまできた時に、もうずいぶん経ってますけど、摂食障害的なものが始まって、誰だったかな、生徒がなにかおにぎりを作ってきてくれたのね。先生ちゃんと食べた方がいいからって。でね、目の前でね食べてって言われたんですよ。私の目の前でね、先生もうお願いだからおにぎりだけでもいいから食べてって言われた時に、私は、それまでの自分だったら親が持ってきて食べてって言っても食べなかったと思うんだけど、何かこれを食べない私は人間として最低って思ったの。［中村 二〇一一：一二七］

食べるもの、あるいは食べることは、人と人のつながりの真ん中にある。齋藤直子は、被差別部落出身者が恋愛や結婚をするときに、一般市民の相手の親や家族から反対されたケースを大量に集めている［齋藤 二〇一七a］。このような「結婚差別」にはいくつかのパターンがあり、親が自分の子どもの、部落出身者との結婚に介入してそれを潰そうとするときのロジックを分類して、どのようにそれを乗り越えたらよいかが分析されている。次の語りは、そうした結婚差別に直面したカップルが、それを乗り越えようとしているときのエピソードである。

お土産でプリン買っていったのに、「食べられへん」って言って「あの子からのものは、食べられへん」ってつっかえされたわけではないけど、受け取ってもらわれへんかったこととかも何回かあるんで、そうなった時は「はん！」って言って怒ったりはしましたけど、

「もうええか」って。ほんなら彼がプリン全部食べるみたいな（笑）。全部食べる。「おばあちゃんにあげたん?」って言ったら「いや、おいしかったから、プリン全部食べた」みたいな。「いや、おばあちゃんにはあげてよ、プリン」みたいなとかいうのはありましたね。［齋藤二〇一七b：七二］

「彼」は一般市民の側で、自分の親が彼女との結婚に反対していたのだが、彼女が自分の家に挨拶をしにきたとき、親は彼女の土産のプリンを食べてくれなかった。手付かずのプリンが彼の家に残された。彼はそのプリンを、ぜんぶひとりで食べた。「おばあちゃんにはあげてよ」という言葉は、ぜんぶ食べてくれたのはうれしいけど、同居しているおばあちゃんにはあげてほしかった、という意味で、ある種の笑い話になっている。これは、自分の親の差別意識に対して、そのプリンをすべて自分で食べてしまうことによって彼自身が抵抗している、という物語である。

書く、ということはどういうことだろうか。私たちは何を書いているのだろうか。どのようにして書くということは可能になるのだろうか。

質的調査にもさまざまな種類のものがあるが、すくなくともある種の質的調査では、調査者がなにかに巻き込まれる、ということがおこる。現場に入れば入るほど、こちら側の選択肢は少なくなっていく。それはラポールという問題とも違うし、まして政治的なコミットメントの問題でもない。しかし、確かに私たちは、調査の過程でいろいろなものとの関わりが生まれ、問われ、急き立てられる。そして調査者の問いや、枠組や、答えは、変わらざるをえない。対象者からの「それ、何の役に立つの？」という問いかけも、もちろんある。よくある。さらに、もっと深いところまで介入されることもある。ときにはそれは、露骨に政治的であることもある。そして、それに対してこちら側も、受容したり反発したり、さまざまなことをする。そういうことが、たくさん起こる。

調査者たちは、そのたびに必死で勉強してきた理論や枠組みを泣く泣く棄てさり、もういちどゼロから、それこそ文体のレベルまで遡って、自らのおこないを問い直すことになる。そして何年も、何も書けないこともある。

こうしたことは、政治的な、倫理的な問題であるというよりも、論理的な問題だ。質的調査は「そのようなもの」なのである。もちろん、ここには政治的な、あるいは倫理的な問題も存在する。しかしまずそれは論理的にあるいは実際にそういうものだ。

なにかに巻き込まれて、それでこちらも変わっていく。理論、問題設定、解釈、結論、あるいは文体も。しかしそのことで、私たちは相対主義者になる必要はない。もっとプラグマティックに考えることができる。「それで十分に正しいことが言えるはずだ」というように。巻き込まれて、それで事実を失ってしまうわけではない。そういう過程のなかでも私たちはなにかを見たり聞いたりして、それを通じてなにかを「理解」しようとする。そしてそのことを書く。そしてそのときに、きわめて具体的で、個別的で、断片的なディテールが紛れ込むことがある。むしろ逆に、私たちは、現場の実践や相互行為に、あるいは語り手の人生そのものに、巻き込まれ、関わりを深めていくうちに、そうした具体的で、個別的で、断片的なディテールは、単なるストーリーなのではなく、現実に存在しているのだということを認めざるをえなくなる。

奇妙なほど具体的なディテールは、かえってその実在性を伝える。唐突にあらわれる松原智恵子やブックオフ、サラダパック、とちの実は、それが唐突であればあるほど、書き手の意図を超えて、それが実際にあったこと、なにか実在するものに直接関係しているということを伝えてくれる。まずディテールは、なにかが実在しているということ、ある相互行為がじっさいにおこなわれたということ、ある語りがほんとうに存在する語り手によって、ほんとうに語られたのだということを伝える。

そしてそれらは、なにかとても一般的なこと、普遍的と言ってもいいようなものとつながっているのだ。

父親は娘のことを心から心配しているのだが、その状況に介入することができない。かわりに自分が可愛がっていたクワガタを託す。もらったほうは「意味わからん」と言いながらも、そのクワガタを育てている。亡くなった女性ホームレスの仲間の服を着て踊ること。傷ついた友人のためにふざけて泣き真似をすること。あるいは、手をつなぐ人びと。痩せていく先生のために、おにぎりをつくって持ってくる生徒。自分の親の差別意識と戦うためにプリンをひとりで平らげること。

世界と自己との関係も語られる。省略された形で語られる作業手順が、逆にその背後にある膨大な身体記憶を伝える。砂糖袋と豚の脂でつくった手作りの楽器にはいつも虫がたかっていたという。それでもこのドラムは奪われた意味を回復するためのものだ。あるいは、食肉用の家畜に向けられた複雑で矛盾する視線のはたらきが、社長の手の動きによって表現される。

エスノグラファーたちは、ある特定の歴史的時点で、ある特定の場所で、ある特定の状況で、人びとがこのようにして生きてきたのだ、ということを書く。私たちがそれを書くとき、当人たちのその場の理解や解釈をただ記述しているのではない。私たちは、私たち固有の権利において書く。そのことによって世界を制作するのだ。ここで書かれているのは、ある種の「人間の行為に関する理論」である。

まず、それは世界につながっている。その意味でそれらはすべて、実在しているのである。ディテールが事実であるということは、そういう意味である。そして、それらはこの世界がどうなっているか、人間の行為や相互行為というものがどういうものであるかについての、かなり一般的な知識をもたらしてくれる。

語りはすべて、それ自体が当人による、解釈の活動である。当人たちが自分たちの行為や発話をどのような解釈実践のもとでおこなっているかを記述することが、まず必要だ。私たちはその語りに、さらに解釈をくわえる。そのことによって調査者は、この解釈実践の相互行為のなかに巻き込まれていく。

このときここにもし、はっきりとした、明確な、中範囲の対象に対する（非政治的な）コミットが存在していたなら、調査者自身もこの解釈をおこない、これはこうなのだ、この問題はこうなっているのだ、こういう状況のときに人びとはこうするのだということを、書かざるをえなくなるときがある。私たちにはそういう、なにか一般的なもの、普遍的なものに関係することを書くのだ。

ディテールをなぜ書かなければならないのか。それはしばしば、ケースの特殊性、固有性、一回性を際立たせるためだと言われる。そういうものをたくさん描いて、私たちはケースを「ケースとして」理解し、一般化してはならないと言われる。しかし、あるケースを理解するということは、その特殊性や固有性を、一般性や普遍性のもとで理解する、ということである（「固有でしかないもの」をそもそも私たちはどのように理解できるのだろうか）。

ここで描かれているディテールはどれも、「何かについて自分たちも何かを言いたくなる」瞬間に現れているのだ。それは、私たちが現場で出会ったディテールを通じて、なにか一般的なもの、普遍的なもの、実在するものに触れた瞬間である。エスノグラファーたちはこの瞬間を描くことで、読者とのあいだで理解を再現しようとする。

これらの過剰なほど具体的なディテールは、ある種の「繋留点」［岸二〇一三：二六四－二八九］である。それは人びとのおこないや語りを、歴史と構造に結びつけるのである。

文献

有薗真代 二〇一七『ハンセン病療養所を生きる――隔離壁を砦に』世界思想社
石岡丈昇 二〇一二『ローカルボクサーと貧困世界――マニラのボクシングジムにみる身体文化』世界思想社
―― 二〇一三「スクオッターの生活実践――マニラの貧困世界のダイナミズム」シノドス（https://synodos.jp/international/5455）2013/09/12
上間陽子 二〇一七『裸足で逃げる――沖縄の夜の街の少女たち』太田出版
金菱清（編）二〇一二『三・一一慟哭の記録――七一人が体感した大津波・原発・巨大地震』新曜社
岸政彦 二〇一三『同化と他者化――戦後沖縄の本土就職者たち』ナカニシヤ出版
C・ギアーツ 一九八七『文化の解釈学〈一〉』吉田禎吾ほか（訳）岩波書店
齋藤直子 二〇一七a『結婚差別の社会学』勁草書房
―― 二〇一七b「二度の結婚差別――Nさん・兵庫・女性」部落解放・人権研究所（編）『部落問題のいま――差別禁止法制定を求める当事者の声（七）』部落解放人権研究所
坂田勝彦 二〇一二『ハンセン病者の生活史――隔離経験を生きるということ』青弓社
鍾家新 二〇一七『在日華僑華人の現代社会学――越境者たちのライフ・ヒストリー』ミネルヴァ書房
白波瀬達也 二〇一五『宗教の社会貢献を問い直す――ホームレス支援の現場から』ナカニシヤ出版
樽川典子 二〇〇七『喪失と生存の社会学――大震災のライフ・ヒストリー』有信堂高文社
中村英代 二〇一一『摂食障害の語り――回復の臨床社会学』新曜社
西澤晃彦 一九九五『隠蔽された外部　都市下層のエスノグラフィー』彩流社
朴沙羅 二〇一七『外国人をつくりだす――戦後日本における「密航」と入国管理制度の運用』ナカニシヤ出版
比嘉理麻 二〇一五『沖縄の人とブタ』京都大学学術出版会
丸山里美 二〇一三『女性ホームレスとして生きる――貧困と排除の社会学』世界思想社
山北輝裕 二〇〇六「支援者からの撤退かそれとも…――野宿者支援における応答困難の現場から」三浦耕吉郎（編）『構造的差別のソシオグラフィ――社会を書く／差別を解く』世界思想社

沖縄の語り方を変える——実在への信念

以下で私は、語りというものが「実在への信念」に基づいていること、そして、語り方が変わるときでも、それは対象が「実際に」変化しているのだという信念に基づいているということを論じる。

もちろんそれは、すべての信念が、しっかりとした、十分に確かめられた基礎を持っているということではない。すべての信念は誤りうる。通常の場合私たちは、誤っていると思われる信念に出会った場合、それぞれが示せるだけの証拠を持ち寄って、その誤りを正そうとするだろう。その介入は、成功する場合もあれば失敗する場合もある。

しかし、それらの個々の信念について、どれが誤っているか、どれが正しいのかを「判定」しようとするのがここでの目的ではない。

社会学はそもそも、人びとの具体的な信念の真偽について判定すべきではないとする意見もあるが、私はそうは思わない。むしろ、特定の社会問題についてのデータや知見を動員して、間違っていると思われる信念に対しては介入することは、日本語圏の社会学者たちによってもっとなされるべきだと思う。しかしながら、ひとまずここでは、いかなる――あるいはほとんどの――語りも、実在とのつながりを持っているという信念のもとに語られるという、当たり前のことを指摘することが目的である。ただ、その当たり前のことが、社会学の方法にいくつかの帰結をもたらすのだが。

この議論のためにここでは、ある場所で実際に起きつつある、沖縄の語り方の変化を紹介しよう。具体的に取り上げるのは、沖縄本島にあるA市の市史編纂室によって書かれる予定の、新しい市史の取り組みである。

沖縄県では、県史だけではなく、大半の市町村が独自の詳細な市町村史を出版している。[1]「字」単位で地域誌を作成している地域さえある。そしてその質も非常に高い。

この地域誌は、行政が公式に発行する、いわばその地域の「教科書」である。それはその地域の、あるいは沖縄そのものについての「語り方」を規定する力を持っている。多くの地域誌は現在では数冊から数十冊にもなる規模で発行されているが、おおまかにいって「通史」「民俗文化」「沖縄戦」の三つはほとんどの地域で共通している。これに戦後編や資料編が加わることが多い。

本論ではこの沖縄の地域誌のなかでも、民俗文化について書かれた「民俗編」を主に取り上げる。基本的には沖縄の地域誌の民俗編は、後に詳しく紹介するように、戦前あるいは琉球処分以前の「本来の、真正な沖縄文化」を伝えるものになっている。しかしこの地域誌の民俗編において、新しい動きが生まれている。ここでは沖縄本島にある「A市」の市史編纂室における新しい実践を考察の対象とする。

現在取材と執筆・編集が進行中であるA市史民俗編では、市内およそ七〇の集落についての記述がすべて含まれることになっている。ここには、古くから存在し、沖縄的な伝統芸能や習慣を伝える集落だけではなく、団地や建売住宅のニュータウンなども含まれるのである。このことは、それまでの地域誌の民俗編が、本来的な、真正なる沖縄文化を記録し後世に伝える目的で書かれていたことを考えると、画期的な試みであるといえる。

これまで県や市町村によって編纂された地域誌が、教科書的な存在として沖縄の語り方を規定してきた側面がある。しかしA市史は、この「沖縄の語り方」を変えようとしているのである。本論ではA市の市史編纂室での聞き取り調査を通じて、沖縄の語り方はどのように変わりつつあるのか、語り方を変えるときに何が起きているか、それはどのようにして可能になるのかについて考える。

1　地域誌という「語り方」

「沖縄の語り方を変える」実践について考察する前に、その前提として、沖縄の地域誌の、特に「民俗編」がどのようにして書かれているかについて整理しよう。

まずはじめに、戦後の早い時期に完成した『真和志《まわし》市誌』を見てみよう〔新垣 一九五六〕。発刊されたのは一九五六年である。真和志市はこの直後、一九五七年に那覇市に合併されてその一部となったが、それまでは独立したひとつの市として存在していた。おそらく合併を目の前にして、真和志市の独自の民俗文化や歴史を後世に残そうと、発行を急いだのだろう。

その序文において、当時の真和志市長であった翁長助静[2]は、次のようにこの市誌の意義を語っ

ている。(3)

遠く古《いにしえ》を回顧しては、首里王府の直轄領時代から琉球藩政下の時代、降っては廃藩置県後の全行政面の変遷等を全琉的視野に立って外観しつつ、真和志そのものの実体を深く掘り下げることに、全力が傾倒されている。

近くは、今次太平洋戦争の惨禍は、全真和志野を灰塵に帰せしめ、剰え、郷土の立入禁止は、終戦後二ケ年もつづき、或は摩文仁村小渡浜の一角に、或は豊見城村・真玉橋の片隅に、それぞれ、数ヶ月も困窮索漠たる生活を、細々と営み一九四七年四月、やっと母村に戻って来たとは言え、衣食住の不自由困苦その極に達した頃から、現在に及んで詳細に記述されている。［同書 二 ‐ 三］

「真和志そのものの実体」とは何だろうか。それはここで明記されている通り、戦前、あるいはもっと遡った、琉球王国時代の真和志の姿である。

この『真和志市誌』では、四〇〇頁以上を費やして真和志市の全貌が描かれている。目次をみると、まずはじめに「上代における真和志」「真和志の語源」「真和志沿革史」などの項目が並び、琉球時代にまでさかのぼって、ほぼ戦前までの真和志の歴史が描かれている。そしてそれに続き、「琉球藩政下の真和志間切各村の事蹟」として、識名《しきな》、安謝《あじゃ》、天久《あめく》、安里《あさと》、牧志、壺屋、古波蔵《こはぐら》、与儀などの各村の由来が詳細に書かれている。識名園、崇元寺《そうげんじ》、安里橋、十貫瀬《じっかんじ》、壺屋の陶業村、国場川、住吉宮といった名所旧跡や各村の拝所、伝統芸能、あるいはそれぞれの村の歴史がおよそ一〇〇頁にわたって紹介されている。

そのあと「明治維新と廃藩置県」から「戦後の真和志」へと至るのだが、ここからは例えば「廃藩置県後の行政」「諸法規等の沿革」「行政区画の変遷」「地方制度の改革」「土地制度と税制の沿革」「交通機関」「教育事業の沿革」(一部の表記を省略)など、伝統的な民俗文化や歴史にかわって、近代的な項目が並んでいる。沖縄戦についての簡単な(ごく簡単な)記述を挟んで、戦後になると「復興せる真和志市の現況」として、土地、人口、「消費的業態」、「生産的業態」、職業別人口動態、社会事業(福祉)、保健衛生、労務状況、学校設立などの項目が並ぶ。

『真和志市誌』では琉球王国時代から明治期までの沖縄と、近代化以降の沖縄が明瞭に区別されている。しかしこの後の地域誌では、明確に沖縄戦がその二つを隔てる境界線としての役割を果たすようになる。

一九六二年の『羽地《はねじ》村誌』の序文では、当時の琉球政府行政主席の大田政作の名義で次のように書かれている。

自分たちの歴史に対して認識を深めるということは決して懐古趣味的なところに意味があるのではない。その国家あるいは民族が歴史の流れにおいて、いかに生活し、いかにして現時点に到ったかを知ることは、将来への正しい姿勢をととのえるための必須の条件であると思う。

わが沖縄は一千年のその歴史において特有の文化を創造した。そしてたとえ戦火で有形の文化財が消失したとはいえ、かつてこれだけのものをつくったという民族的な自信と誇りは永久に残るものと信ずる。この誇りと自信をもういちど胸にきざみこむことは決して等閑に附すべきことではない。この意味から郷土に対する認識と理解が今日ほど切実に要求される時代はないと思うのである。［羽地村誌編集委員会 一九六二：一－二］

この時代の沖縄における市町村史はまだ、一冊ですべてをおさめる規模になっている。『羽地村誌』の構成からは、羽地の自然地理や琉球以来の歴史、伝統的な民俗文化から、行政組織の構成や村議会、産業、経済などの近代的な項目まで、およそこの村に関するあらゆることを書き留めて記録し保存しようとする強烈な意思が感じられる。なかでも民俗文化に関する項目は、この村誌の三分一ほどを占めていて、このカテゴリーがいかに大切にされているかがわかる。風俗習慣、冠婚葬祭、神祭行事、方言、信仰、拝所、口碑伝説、郷土芸能、俚諺と民謡など、主要な民俗学的項目のそれぞれについて詳述されている。

大田政作名義での序文ですでに言い尽くされているとおり、少なくとも沖縄戦によって壊滅的な被害を受けた沖縄本島の人びとにとっては、独自の文化や歴史的一体感は失われ、奪われてしまったものとしてある。むしろ、沖縄戦によってすべてを奪われてしまった後になってから沖縄の民俗文化というものが実体化され、研究の対象となり、自分たちが固有の、独特の存在であることがそこに表れるようなカテゴリーとして、いわば再び見出されたのだと言ったほうがいいのかもしれない。だが、少なくともこの書き手たちにとっては、沖縄文化というものは、あるいは沖縄というものは、自分たちによって再び見出されたものであるとは信じられていない。むしろそれは、ずっと前からそうだったもの、これからもそうであるようなものである。

高度成長期から復帰を経て、沖縄の県史や各市町村史・字史は大きなプロジェクトとなり、まとまった予算がつくようになった。各地の市町村はこぞってそれぞれの地域の歴史や民俗をまとめて発刊するようになっていく。また、七〇年代以降は一冊にすべてを収めるのではなく、通史・民俗・戦争体験などのテーマごとに分冊化され、分量も大規模になる。執筆委員も大学教授などの専門的な研究者が担うようになっていった。

その代表が一九七〇年代に順次発行された『那覇市史』である。市政四〇周年を記念して一九六一年に計画がスタートした当初は、通史篇四冊、資料篇四冊、年表一冊の合計六冊になるはずだった。一九六六年に最初の一冊として『那覇市史 資料篇 第二巻上（近代新聞集成）』が発行されてからその計画は次第に規模を増し、一九七二年の第三次計画では全二二冊（通史篇三冊、資料篇一八冊、別巻一冊）、一九七九年の第四次計画では三三冊（通史篇三冊、資料篇二九冊、別巻一冊）にまで膨れ上がる。三三冊すべての巻が完成したのは二〇〇八年、当初の計画から五〇年近くが経過している。『那覇市史』のなかで民俗文化についてまとめられているのは、一九七九年に発刊された資料編・第二巻・中の七である。およそ九〇〇頁にわたり那覇の民俗学的・歴史学的な項目が記述されている。執筆委員も源武雄や比嘉政夫などの民俗学者から、翁長助静などの政治家、外間米子や国吉真哲、福地唯万、松村興勝などの郷土史家、ブリジストンタイヤ沖縄販売社長の真喜志駿のような実業家など、数十人の錚々たるメンバーが揃っていた［那覇市企画部市史編集室 一九七九］。

八〇年代に入ると主要な市町村の地域誌がほぼ出揃っていく。この頃になると、「本来の沖縄」と、それを奪われてしまった現在の沖縄を隔てる境界線としての琉球処分と沖縄戦に、高度成長期が加わることになる。社会学的にいえば、戦前から戦後までの沖縄の社会変化は、その政治的な変化に比べればそれほど大きなものではなかった。庶民の生活が根底から変化したのは、突然人口が激増し、那覇都市圏に人口が異常なほど集中してからのことである[4]。一九八三年の『浦添市史』に沖縄民俗学の第一人者だった仲松弥秀が寄せた序文は、全文引用したくなるような、「本来の沖縄」に対する愛惜に満ちている。

> 住民あっての町村・市であるということは、何も今に初［ママ］まったものでは無く、遠い昔から当然なことでありながら、それが当然だと気付くようになったのは最近のことです。残念ながら気付きようが遅きに失したと言えましょう。それがひと昔前でも気付きが早かったら、

われわれ住民や村の生活史が、よりいっそう明らかにすることができたはずだと思います。

……

御存知のとおり浦添は、戦前には那覇・首里周辺の小禄・豊見城・真和志と同じく、純然たる農村地域であった。それが戦場となって、祖先以来経験したことのない人間無視の大被害に会った。そして浦添には米占領軍によって……集落と農耕地・原野はもちろん、信仰の中心となっていた御嶽や拝泉に到る全部が強制収用され、そこに米軍資材の大倉庫基地が建設されるようになった。

……

……自己の土地を売却し、まとまった金銭を取得して農業を捨て、転業するようになったのが従前からの浦添市民でしょう。いわば大地と関連のもとに生きてきた今までの浦添住民であったものが、大地と手を切った住民に変わり、個人所有の土地はもちろん村共同体の聖地までが売却されるようになったといえる。

都市化現象は日本復帰によって、また那覇市域の充満も重なってますます浦添市に襲来強化されてきました。バイパス道路の開通、首里から宜野湾市に通ずる道路に沿うて、住宅・商店・各種業務の大小の建物が日に日に増加してきました。それに伴って緑地が消えていきました。

こうした変化、すなわち農村地域から大地と離れた都市になった浦添市に変わったことによって、その民俗にも大きな変化が見られます。この第四巻『浦添の民俗』各章にはこれら民俗の変貌が到るところに記録として残してあります。[浦添市史編集委員会 一九八三：一四－一五]

ここには、沖縄の人びとにとっての民俗文化が、あるいは民俗学研究がどのような意味を付与されていたかが、あますところなく書き尽くされている。古くから変わらず営まれてきた琉球の暮らしが、あの「人間無視の大被害」をもたらした沖縄戦によって破壊し尽くされた。浦添の平和な村落共同体も大きく変貌し、よそ者が流入して都市化していった。農業は捨てられ、かわりに米軍相手の、あるいは都市住民相手の商業へとシフトしていった。そして、それらの近代化・都市化・産業化にともなう、緑豊かな自然の消滅。これらの社会変化が全て、沖縄的なものの剝奪として捉えられているのだ。私がすでに『同化と他者化』などの著作で述べてきたように、たとえ戦後の高度成長期における人口の増加と那覇都市圏の膨張が沖縄の人びと自身の力によるものだったとしても、あくまでも沖縄的なものの喪失と剝奪は、明治政府、沖縄戦と米軍統治、そして復帰による日本への再編入という、外在的な力が作用した結果として表されているのである。ここでは沖縄戦と米軍による占領の結果であるものと、高度成長期における人口増加と都市化の結果であるものとが同一視されている。それらは等しく、外からやってきて、昔ながらの沖縄的なものを破壊する力だったのだ。

以下は一九八五年の『宜野湾市史』民俗編に平敷令治が寄せた文章である。

沖縄戦とそれに続くアメリカ軍の占領はシマ社会を激変させた。……沖縄戦で村落は破壊され、多数の村民が銃弾に倒れた。宜野湾・神山・新城・安仁屋・伊佐・宇治泊はシマごとアメリカ軍に接収されてしまった。宜野湾・神山・新城の集落あとは普天間飛行場として敷き均され、もはや昔日の面影すら残っていない。基地に依存した村から文化・商業都市に再生した今、人口は六万六千人を超え、もとの宜野湾村出身者の占める割合は過半数を割るといわれる。

……沖縄戦から四〇年の歴史を振りかえり、しかも……まとまった形の民俗誌が欠落していることを思えば、行政主導の明治ナショナリズムと軍部主導の昭和ナショナリズムのはざまで宜野湾村民がどのように生きてきたのか、……生活の証を記録する時期は今を措いてない。[宜野湾市誌編集委員会 一九八五：一五－一六]

平敷令治もまた沖縄民俗学の代表的な研究者で、当時は沖縄国際大学南島文化研究所長をつとめていたが、一九九二年には学長・理事長にまでなっている。ここでいう「ナショナリズム」とはもちろん、日本による同化圧力のことだろう。琉球処分、沖縄戦、戦後の都市化と産業化は、沖縄的なものを根底から奪い去っていったのだが、その過程で沖縄の人びとは「日本人になること」を強制された。復帰からさらに一〇数年が経ち、沖縄の近現代史を振り返ったとき、後に残されたのは沖縄の民俗文化のわずかな記録や記憶だった。沖縄の民俗文化は、戦後七〇年の歴史を通じて常に、すでに失われてしまったもの、いままさに失われようとしているもの、すぐに失われていくべきものである。どの時代のどの地域の地域誌にも通底するのが、この「時間との闘い」という感覚である。

上記の平敷令治や仲松弥秀のほかに、八〇年代からの沖縄の地域誌では安仁屋政昭（歴史学）、石原昌家（社会学）、高良倉吉（歴史学）、比嘉政夫（民俗学）らが、あるいはより最近では津波高志や赤嶺政信（いずれも民俗学）らも加わり、ひとつのフォーマットが形成されていく。現在の沖縄地域誌の多くが、全体の構成では通史編、民俗編、戦争体験編が柱となり、数冊から十数冊の分冊形式で発行されている。ここで取り上げている民俗編もまた、ひとつは「衣食住」「生業」「交易」「人生儀礼」「年中行事」「信仰と祭祀」「芸能」「言語伝承（民話・伝説・民謡など）」などの民俗学的カテゴリーごとに分類された項目を叙述するタイプのもの（『浦添市史』一九八三年、『宜野座村史』一九八九年、『糸満市史』一九九一年、『北谷町史』一九九二年、『読谷村史』一九九五年、『北中城村史』一九九六年など）と、もうひとつは各部落ごとにその由来や沿革、名所旧跡などを紹介するもの（『西原町史』一九八九年、『嘉手納町史』一九九〇年、『南風原町史』二〇〇三年、『豊見城市史』二〇〇八年など）の二つのパターンにほぼ分かれていて、共通のフォーマットが形成されつつあることをものがたっている。一九八五年の『宜野湾市史』の民俗編は、各部落ごとの状況と民俗学的項目の両方が詳述されているが、沖縄戦と米軍基地建設によって部落の有様が一変したことで、各部落ごとの記述がやや詳しくなっていたのかもしれない。

いずれにせよ、九〇年代から二〇〇〇年代に発行された地域誌においてもまだ、民俗編のなかで記述される地元の民俗文化は、基本的には戦前までのものが中心となっている。例えば一九九二年の『北谷《ちゃたん》町史』では、その序文において、民俗編の聞き取り調査の概要について以下のように説明されている。

> また、この町史第三巻資料編二「民俗 上」には、戦前の各字の概況や産業形態、衣食住、人生儀礼、年中行事等多くの内容が町民からの聴き取り調査によって記述されており、この本を読まれて「いにしえの北谷」を想い浮かべることができるものと思います。〔北谷町史編集委員会 一九九二：頁数記載なし〕

二〇〇八年の『豊見城市史』になってもまだこのような記述がある。「本巻で取り扱う内容は、近世紀から一九四五年（昭和二十年）頃までを主な対象としたが、戦前・戦後の民俗の変容にも視点を及ぼし、現代の事項まで記述した部分もある」〔豊見城市市史編集委員会民俗編専門部会 二〇〇八：「凡例」頁数記載なし〕。

基本的には民俗編（あるいは沖縄民俗学そのもの）の調査方法は、ある集落の高齢者に、昔の

（できれば戦前の）記憶を語ってもらう、というものである。例えば一九八九年の『西原町史』には「聞取調査協力者」として各項目ごとの語り手の実名と生年月日が記載されているが（ほかの地域誌にもこのような記述は多い）、大半の語り手が明治生まれで、なかには明治二二年生まれの語り手もリストアップされている。明治二二年生まれということは西暦一八八九年で、発行当時ちょうど一〇〇歳だったが、この箇所の記述によれば、この方は平成元年つまり『西原町史』の民俗編が発行されたその年に亡くなっている。実際の聞き取り調査は発行の数年前から長い場合は十数年も以前のケースもあり、まだそれほど高齢化していない語り手から聞くことも可能だった。八〇年代にも明治生まれの語り手もまだまだ健在で、この時期の地域誌では、戦前の昭和だけでなく、明治大正期の記憶さえ集めることが可能だった。

しかしこうした古典的な民俗調査自体が難しくなっている。上記の二〇〇八年の『豊見城市史』の序文で、同市史民俗編専門部会長の赤嶺政信（琉球大学・民俗学）はこう述べている。

> 豊見城市は戦後、ことに本土復帰後急速に他地域からの人口流入と都市化が進んだ地域で、これに伴い伝統的な生活形態や風俗習慣といった民俗事象の変容も著しいものがある。
> ……すべての民俗事象は人々の日常の営みのなかにある以上、絶えず変容を続けており、また年を追うごとに戦前までの生活の諸相を語ることのできる人が少なくなっていることも事実である。［豊見城市市史編集委員会民俗編専門部会 二〇〇八：頁数記載なし］

ここに、沖縄の地域誌が、あるいは沖縄民俗学そのものがその始まりの時点から抱える困難（と、おそらくはその可能性）が簡潔に、しかし余さず書き表されている。まずそれは、琉球処分、沖縄戦、米軍占領、そして高度成長期といういくつかの大きな時間的境界線を遡り、本来の、真正の沖縄を取り戻す試みだったのだが、近代化されざる沖縄はますます過去に遠ざかっていく。話者は高齢化し、人口の流出入や商業開発などで地域の姿も大きく変容している。地域の語り手から情報を収集するという形態での民俗学的調査は、過去に依拠する限り難しくなる一方なのだが、それよりももっと根源的な問題となっているのは、そして同時に沖縄民俗学に対してこれからの大きな可能性を与えるものにもなっているのは、まさに赤嶺政信が述べているように、「すべての民俗事象は人々の日常の営みのなかにある」という事実である。沖縄民俗のひとつの理想形としての戦前の沖縄はどんどん遠く離れていく。しかし同時に、米軍占領や経済成長のもとですら「人々の日常の営み」が変わりなく続いているとすれば、民俗学的沖縄研究が、あるいは真正なる沖縄を作り上げる装置としての沖縄の地域誌が描くべきもののなかには、いま現在の、近代化し、都市化し、産業化した沖縄の姿も含まれることになるのだ。

そこに果たして真正な沖縄の姿というものが存在したのだろうか、という問題はさておき、いったん本来の沖縄を書き残すことは、地域社会にとってどうしても必要なことだったからこそ、沖縄県にこれほどの規模で、学術的にも高いレベルの地域誌が大量に生まれたのである。しかしそうした地域誌はいま、新たな問題と課題に直面している。そしておそらくは、沖縄の地域誌の新しい可能性も、そこに存在するのだ。それは、他でもない現在の沖縄の人びとの移り変わる「日常の営み」を、そのままの姿で描き、記録し、記憶するという課題である。

2　A市史民俗編の試み

A市は沖縄本島の中南部に位置する市である。人口はおよそ四万人。那覇からもそれほど遠くなく、ベッドタウンにもなっているが、農業や漁業、そして観光が中心の、のどかな地域だ。合併後の新しいA市の地域誌は、いまのところ第一巻となる「通史」が発行されている。この通史編は、これまでになかった作りになっている。それまでによくあった上製・箱入・金文字の豪華な装丁ではなく、すこし大判のソフトカバーで、全ページがカラー刷りである。

こうした、大きめのソフトカバーでカラーページ付きの地域誌は、南風原町や与那原町でも発行されているが、A市の通史編はよりビジュアルで、イラストや写真が大量に掲載されている。明らかにそれまでの「硬い」路線とは別のやり方で編集されているのである。

このA市史シリーズで、次の「グスク編」、「御嶽編」、「戦争編」に続いて数年後の発行が予定されているのが「民俗編」である。本論で中心的に取り上げるのが、このA市史民俗編である。

それはこれまでの沖縄の地域誌・市町村史における民俗編とは様相を異にする。それが取り上げることになっているのは、市内の古い集落における伝統的な行事や習慣だけではない。自治会が立ち上がっている市内およそ七〇ヵ所の集落をすべて描く計画で調査と執筆が進行中なのである。そこには、埋め立て地に造成された新興住宅地や、ゼネコンが開発した建売住宅の街、あるいは県営・市営の団地まで含まれる。当然、その内容も、これまで取り上げられてきたような、「本来的な沖縄文化」としての伝統的な年中行事や人生儀礼だけではなくなるだろう。新興住宅地に移入してきた新しい住民の仕事や生活、あるいは団地における日常的なネットワークが含まれることになる。これは、沖縄の地域誌の歴史のなかでは画期的な試みとなる。

前節でみたように、地域誌における民俗編は、これまでは明治生まれの高齢者に聞き取りをして再構成された、戦前までの「真正なる沖縄の民俗文化」が描かれていた。しかし、徐々にこのやり方が難しくなってきている。まずは戦前の沖縄の生活や習俗を明瞭に記憶している高齢者がどんどん少なくなっていることと、それから戦後の人口増加や都市化によって地域社会の姿も大きく変わり、たとえばそれまでの字単位で歴史や民俗習慣を編纂する意味が、その地域に暮らす人びとにとっては薄くなっているからである。

このような状況に加え、学術的な解釈や記述の枠組みを地域誌に与えてきた歴史学や民俗学自体も大きく変わりつつある。詳しくは後述するが、沖縄民俗学研究の内部でも、歴史的に不変の、真正なる沖縄文化という概念は、すでに何度も批判されてきているのである。

沖縄の地域社会そのものだけでなく、民俗学や歴史学もまた大きな変化を遂げつつあるいま、A市史のような試みが出てくるのは必然の成り行きかもしれない。以下、本節では、このA市史民俗編に関わるスタッフのうち、もっとも中心的な役割を果たしているM氏（三五歳男性）の語りを取り上げ、「語り方を変える」実践がどのような文脈で、どのような状況でなされ、そしてそれがどのように語られているのかを考える。(5)

A市史民俗編が実際に完成するのは、まだあと数年先である。いまはまだ、取材と執筆作業が始まったばかりである。したがってここで取り上げるのは、まさに進行中の実践である。

M氏は三五歳男性、地元A市で生まれ育った。いくつかの職業を経て、現在はA市史編纂室の嘱託職員として勤務している。もともとは写真家で、地元の人物や風景を撮影していたが、二十歳ぐらいのころから次第に自分が生まれ育った地域に関心がわき、各地の拝所や伝統行事などをカメラにおさめていた。

遺跡の発掘作業員の仕事をしていたときに、職場の忘年会があった。そのときの余興で、地元にいくつもある拝所の写真を見せて、どこの何という名前の拝所なのかを当てさせるクイズがあった。M氏はそれに全問正解し、たまたまその会場に来ていた、当時の市史編纂室にいた男性の目にとまり、すぐにスカウトされた。これがきっかけでA市の市史編纂に携わることになる。

しばらく地域の御願所や拝所を調べていたが、二〇一四年ごろ、市史編纂室で民俗編の発行計画が立ち上がったときに、彼はある提案をする。

単純に「ひと」っていうのをキーワードにするのが一番かなと思いまして。これまでの市町村史になると、旧集落というか、もともと二百年、三百年あるような集落の情報が主に載ってるんですけど、実際にひとっていうのは、もちろん新興住宅地にも住みますし。古さとか、そういうこと一切考えずに、A市に住んでるひとたちの生活をどう記録しようかっていう原点から始まったのが、団地とか、新興住宅も含めていく流れになった。

新興住宅地の場合はもともと山だったり、切り開いていくという部分では、ある意味では屋取《ヤードゥイ》という、沖縄では屋取という言い方するんですけど、現代版の屋取は、いまでいう新興住宅地じゃないかなって考えたものですから。それからひとつ、生活っていうものを見たときに、他の市町村史でもないし、僕が調べた範囲のなかでは、その分野（団地や新興住宅地）まで入りこんでいるのが見受けられなかった分、これはやっぱり面白いんじゃないかっていうところに、いきついた。

――なんかきっかけみたいなものがあったんですか。それまでの市町村史に不満があったとか

いや、とくに不満ということではなくて。どちらかというと、新興住宅のところをなぜ調

べないんだろうというのが、疑問はありましたね。民俗（編）の担当になったことによってですけど。屋取というカテゴリーとしてみても、あまり調査がなくてですね。だから、全体としてみたときに、屋取だろうが何だろうが、っていう気持ちで取り組み始めたのが、いまのA市の民俗（編）の基盤になってるのかなと。

A市史編纂室には何人かのスタッフがいるが、現在作成中の民俗編には四名の専従スタッフが関わっている。ひとりは実質的なリーダーであるM氏で、残りの三名のうち二名はM氏が面接をして採用した。一名は公募である。三名とも、琉球大や沖縄国際大で歴史学や民俗学を学んだメンバーだが、A市史民俗編のコンセプトについては全員が強く賛同している。

民俗編の実際の執筆は、市史編纂室によって委託されたおよそ二〇名の、外部の執筆委員が担うことになっている。専門的な民俗学者も四分の一ほど含まれているが、大半は一般の社会人や退職した教員などで、地域に深い関わりをもつメンバーが選ばれている。

A市史民俗編は現在、基本的には自治会と自治会長（地域によっては「世話役」と呼ぶところもある）が存在する行政区を対象に調査がすすめられている。この行政区は、「字」あるいは部落、集落と呼ばれることも多い。これがA市にはおよそ七〇ヵ所存在する。A市史編纂室のスタッフがまずはそれぞれの字の自治会とつながり、自治会長（世話役）に執筆委員を紹介し、あとは各執筆委員がそれぞれの判断で現地調査をおこなっている。まだこのプロジェクトが開始して二年ほどなので、執筆委員によっては調査の進捗に開きがあるようである。

最終的には、完成した民俗編には約七〇の字すべてについての記述が含まれることになっている。ひとつの字につき一〇頁でも、合計すれば七〇〇頁になるので、それぞれの地域について深く詳しく書くことができないことはスタッフにも認識されているが、それでも「A市にあるすべての集落について書く」ということが優先された。特に歴史の古い集落に限定せず、いまA市の市民が暮らしている集落をすべて含めるということに、大きな意味があるのである。前章において、地域誌民俗編には衣食住・人生儀礼・年中行事などの民俗学的カテゴリーごとにまとめられているものと、各字・部落単位でまとめられているものの二種類があると述べたが、このA市史民俗編のアイディアのもとになっているのは、明らかに部落単位でのまとめ方である。

このように、このプロジェクトは従来までの沖縄の語り方を変える意味を持っているが、それは単に「異なる語り方を採用する」というだけのことなのではなく、「より現実の沖縄に近い語り方を採用する」ということでもある。沖縄が語られる現場において、その語り方は恣意的に、あるいは「政治的」に決定されるのではない。当事者たちにとってそれは、「より真正な沖縄」についての、「より現実に合致した」語りなのである。その意味で、語り方の変化をもたらす実践は、常に現実への、あるいは実在へのコミットメントを伴っている。

その意味で、ここで「屋取」について語られているのは非常に興味深い。屋取とは沖縄民俗研究における重要な用語で、もともとは近世後期の一八世紀初頭、首里の困窮士族が他地域に移住して形成した集落である。沖縄本島にはこうした屋取集落が一三〇あまりあるといわれている。もとは琉球士族出身の寄留民たちが作った村だが、一般的に外部から流入した集団によってつくられた村を屋取集落と呼ぶこともある。団地や新興住宅地を民俗編に含めるにあたって、この屋取という民俗学的概念がひとつの媒介物の機能を果たしている。実際に、今回のA市史民俗編に関する聞き取り調査の過程で、M氏以外のスタッフや、何人かの執筆委員にお会いしてお話を聞いたが、現代の屋取として団地や新興住宅地や再開発地域を語る語りが何度も聞かれた。これまでの民俗学と連続した、誰にも理解可能な形で、沖縄の語り方が変えられようとしているのである。

特にA市史民俗編では、人口の増加と移動による都市化、住民の高齢化、産業構造の変化などの沖縄の社会構造の急激な変化が、常に意識され、参照されている。この感覚は、統計データなどへの接近によってつくられることもあるが、M氏の場合は、地元で生まれ育ったことによる個人的な経験によってももたらされている。

実はぼくのおじさんおばさん、G団地（民俗編に含まれる予定の団地）の最初の入居者だったんですよ。家作ったんで（現在は）離れてますけど。ぼくのいとこが生まれたときから、七歳ぐらいまでG団地だったんです。七年ぐらいいたと思うんですけど。ぼくも母親に連れられてよくG団地に遊びにいった記憶があるんです。小学校時分の話なんですけど。

土曜日とかになると、紙芝居のおじさんが来て、みんな子どもたちがたくさん。ちょうど自分たちの世代の子どもたちが、小学校の。下は保育園ぐらいから、中学生前ぐらいの子たちが、やたらいた記憶があるんですよ。みんなで紙芝居見てた記憶があるんです。ぼくもそれが楽しみで、毎週土曜日は行きたくなってたし。紙芝居のおじさんが売ってる駄菓子買うのも楽しみだったし。

ひさしぶりに調査いったときに、もう「ええ！」みたいな雰囲気をやっぱ感じたよね。子どもいないんですか！　みたいな。G団地はすごく子ども多かったし。

――A市に限らず、沖縄にも限らずかもしれないですが、地域社会の大きな構造変動みたいなのがあるんですよね

たぶんそのへんはあんまり調査されてないんじゃないかなと思います。実際に表に出てる部分はたぶん、いまの話でもたぶん、氷山の一角みたいなもんですけど、でもその氷山の一角でさえ、あまり地域史とかは取り上げてなかったと思うし、調査もされてなかったんじゃないかなと思うので。

A市史に限らず、いままさに沖縄を語る語りが大きく変化しようとしているのだが、その際に

その語り手たちは、ある種の構築主義的な社会学において捉えられがちな、「言説の政治」をおこなっているわけではない。かつてめざされていた真正の沖縄、本来の沖縄の語りが批判され、相対化されているからといって、あらゆる語りが真正さと手を切ってしまったわけではないのだ。真正さや事実性がまったく無効になってしまったのではなく、むしろそれらは、新しい真正さへと取って代わられるのである。A市史民俗編に団地や新興住宅地や建売住宅が並ぶニュータウンが含まれるべきなのは、それらが真正さや本来性の語りを解体してくれるからではない。それは、それらが「より真正」であり、「より本来の」沖縄だからである。

もちろん、このような語りと信念の「社会学的機能」として、アイデンティティの動員や「言説の政治」のような解釈を与えることは、常に可能だし、正当なことでもある。しかしその場合でも、語り手たちの信念とそうした社会学的分析がどのような関係を結ぶかについては、十分に注意する必要がある。

ひとつだけ例をあげよう。今回のA市史編纂室の実践を聞き取り調査するなかで、本稿で紹介したスタッフ以外にも数多くのスタッフや外部執筆委員の方々にお話を伺った。その過程で、A市のある字（R地区）の公民館を訪れ、地域の世帯構成について聞き取りをした[(6)]。その地区の総世帯数はおよそ三三〇〇だったが、字の自治会に参加し字費（自治会費）を支払っている世帯は、正当な理由で字費を免除されている世帯を含めておよそ一五〇〇世帯ということだった。地元の集落の事情を詳しく知る、公民館に勤める「書記」といわれる事務スタッフの方に聞き取りをしたところ、一五〇世帯はすべて「元から」R地区に住んでいる世帯で、残りの一八〇世帯はほとんどが「最近になって」R地区に転入してきた、マンションやアパート、あるいは建売住宅の世帯ということだった。字の自治会の構成員世帯が年々減少し、かわって流入してくる新しい世帯はほとんどが自治会に参加しないという現状は、地元でもなんども問題になっているが、こうした状況はR地区だけでなく、A市全体に共通する現状である。那覇の都市部だけではなく、A市のようなのどかな住宅地においても、地域社会の流動性が高まっているのである。この状況はA市史編纂室のスタッフや外部執筆委員によってもなんども語られ、参照されていた。A市史における語り方の変容は、こうしたリアリティがその根底に存在している。

さらに、A市史編纂の現場において、「民俗とは何か」という問い直しもおこなわれている。M氏は、「民俗って何ですか」という私の問いに対し、次のように答えている。

——民俗って何ですかね。

そこなんですよ。いきつくとこはひとしかなかったんですよ。どうやってでも、いちばん深いとこ見たら、ひとの生活、ひと。ひとが関わってたらぜんぶ民俗だろうと。だから（言葉の意味が）広かったんですよ、ぼくの意見としては。狭めるんじゃなくて。なんか、本も読んだりもしましたけど、市町村史含め。ですけど、書いてることはみんなひとが関わってることなんですが、ただそのなかでも、なんかもっと広いだろうと、いうのが漠然とでてきて。そこからですね、出発点としては。

ひとの生活。どんな市町村史もみんな、ひとが関わっている。年中行事もひとが関わってますし、拝所ひとつとっても、ひとが必ずそれを指定して入れた（作った）から、拝所っていうのが生まれたとか。とにかくひとが関わったものは全部、生活だし、と思ったときに、ぼくはもうこれでいこうと。ひとの生活の営みとか。

そこから、じゃあ、せっかくだから新興住宅地までしようとか、いうふうにどんどん広がっていった。


現場入ったときに、わりと屋取集落とか団地とか、区長さんたちとの初顔合わせいくと、「ぼくたち話すことないよ！」って、基本的にそうなんですよ。かれらのイメージとしては、民俗っていうのは古い集落とか、あったと思うんですよ。

だけどこちら側がちゃんと丁寧に、地域で起こってることがもうすでに民俗なんですよっていう、生活の部分をお聞きしたいんですよって話をはじめたことによって、ちょっとずつ情報が出てくるんです。かれらからすると、自分たちが調査対象になるということはたぶん、寝耳に水という方も、なかにはいらっしゃるんですよね。ですけど、ぼくたちからすると、すばらしい情報だし、ということで。しっかり記録させてくださいってお声掛けすると、ああだこうだていうお話がでてくるんです。

――沖縄らしさがどんどん失われているっていう語り方ありますよね

ぼくはないですね。沖縄は常に沖縄ですし。別にそれは何ていうのかな。新興住宅地があっても、そこを切り開いて街をつくっただけの話であって。○○（新興住宅地）にしても、埋め立てをして、そこで人びとの生活の営みがあるっていうことも、これも現実の沖縄ですし。沖縄は絶対なくならないっていうだけですね。

この語りによってあらわされているように、市史民俗編に団地やニュータウンを含めるのは、それまでの古典的な沖縄民俗学を批判し相対化することが目的なのではない。むしろ、古典的な民俗学から多くのことを学びながら、これまでとりこぼされてきたものを拾い上げようとしているのである。それは、これまで不十分だったものを補う試みであり、足りないものを付け足す実践であり、約束されていたことを愚直に実行することなのである。

古典的な沖縄民俗研究がこれまで積み上げてきた膨大な知識の蓄積はすべて、沖縄の名もない、市井の人びとの生活と習慣に関わっている。従来ではそれはしかし、特定の時代の特定の民俗学的カテゴリーに収まる実践に限定されていた。しかし、沖縄の普通の人びとの普通の暮らしとは何か。それは、普通に専門学校や大学を出て、普通に那覇などで就職し、普通に自動車の免許を取り、普通にショッピングモールで買い物をし、普通にホテルの式場で結婚式を挙げることではないのか。こうした暮らしを営む人びとのこうした習慣的実践は、沖縄の民俗文化ではないのだろうか。こうした疑問が湧いてくるのは、住民の移動や高齢化が進行しているいま、当然のことだろう。

沖縄の民俗を記述する、ということは、沖縄の一般の人びとの暮らしや文化をすべて肯定する、ということである。A市史民俗編はまさに、民俗学が本来めざしていたことを、実際に行動にうつしているのである。その意味で、A市史が目指している新しい沖縄の語りは、それまでの語りと切断された、不連続のものではない。むしろ、それこそが「本来の沖縄」について書かれた「本来の民俗学」なのである。

結論

最後に、A市史編纂室の新しい試みがもつ理論的な意味について、もういちど考えてみよう。これまで見てきたように、沖縄の地域誌は、行政や研究者が力を結集して作り上げた「フォーマルな教科書」である。それは強い規範的な力を持っている。沖縄の地域誌は、たとえそれを読破する市民がほとんどいないとしても、それとして存在するだけで、沖縄とは何か、それはどのように語られるべきかを規定する「権威」を持っているのである。

その語り方がいままさに変わろうとしている。新たな試みをしているのはなにもA市史編纂室だけではない。たとえば刊行されたばかりの与那原《よなばる》町史の『戦後の与那原』(二〇一六年)では、戦後の与那原の移り変わりに焦点があてられている。与那原の盛り場の地図が掲載され、時代ごとに、どこにどんな店があったかまで描かれているのである。もっと以前の時代においても、たとえば『北中城史《きたなかぐすくし》』の民俗編には、琉球大学法文学部の家族社会学者である安藤由美が参加し、住民に対してアンケート調査をおこなった結果を掲載している[北中城村史編纂委員会 一九九六]。ほかにも浦添市史の『浦添の戦後』編(一九八七年)には、屋取集落のほか、戦後の流入者である「新住民」に関する記述がある。

しかし、やがて完成するA市史民俗編ほど沖縄の社会的・経済的変化に対応したものは、きわめて少ない。すでに何度も述べたように、それはあきらかにこれまでの「沖縄の語り方」を変えることに挑戦しているのである。

こうした語りかえの背景には、さまざまな要因がある。まずはすでに述べたように、沖縄社会における「現実の」急な変動が存在している。あるいは、地域誌の概念枠組や記述スタイルを規定してきた沖縄民俗学、あるいは沖縄文化研究が、現在大きく変化しつつある、ということも関係しているだろう。例えば、比較的古典的なスタイルでの地域誌に関わって、そのスタイルを形作ってきた比嘉政夫や平敷令治、赤嶺政信の研究（例えば比嘉［一九八二、一九八三］、平敷［一九九〇］、赤嶺［二〇一二］）などに比べると、その下の世代の研究の方向性は大きく多様化している。吉野［二〇一二］は沖縄における宗教の研究だが、古典的な土着的先祖崇拝だけでなく、創価学会やキリスト教などの外来宗教、スピリチュアルな「疑似科学」の信仰が取り上げられている。ユタなどの、沖縄のシャーマニズムを研究した塩月［二〇一二］では、インターネットでのユタの活動も分析されている。あるいは小熊［二〇一六］では、日本本土や中国・台湾・ブラジルにまたがり、沖縄文化の変容が考察されている。沖縄の伝統的な概念やイメージを収集し、さらにはそうした概念やイメージの源泉だった沖縄研究も、その語り方を大きく変えようとしているのである。A市史の実践も、こうした大きな変化の潮流のなかに位置するのだ。

A市史編纂室の実践と語りによって明らかになったことは、二つある。まず、こうした変化への挑戦が、屋取概念などの旧来の民俗学的概念をいわば「蝶番」にして、公共的に理解可能なかたちで言語化されていることである。これによって、その作業は誰に取ってもわかりやすい、納得できる形式になっている。そしてもうひとつ、そうした語りかえは、事実性や真正性から切り離された政治的実践であるというよりもむしろ、「より事実に合致したもの」「より真正なもの」として捉えられているということである。こうした「事実に関する信念」と、社会学理論がどのような関係を結べるかは、「構築主義以後」の社会学にとって大きな課題となるだろう。

もっとも大きな問題は、語り手たちが持っているこうした信念と、私たちはいかなる関係を結べるか、ということだ。私たちはそれを、いかなる実在とも関係がないような、単なる「ストーリー」にはできないのである。

沖縄的なものの語り方は、全体として、雑多なものや流動するものを含めた、より「リアル」な方向に拡張されつつある。それはまさにいま「世俗化」されつつあるのだ。こうした語りかえは、確実に沖縄の一般の人びとのあいだに広まっていくだろう。そしてそれは、これまで社会学がなんども取り上げて語ってきた「沖縄的アイデンティティ」を確実に変えていくことになるだろう。

注

(1) 沖縄県下でもっぱら地方自治体によって大量に作成されている県史・市町村史・字史などを本稿ではまとめて「地域誌」と呼ぶ。沖縄の地域誌・地域史研究については、南西地域産業活性化センター［二〇〇三］と沖縄県地域史協議会［二〇一二］が詳しい。また、「沖縄戦体験編」については、屋嘉比収による詳細な分析がある［屋嘉比 二〇〇九］

(2) 翁長雄志（二〇一八年八月現在の沖縄県知事）の父にあたる。

(3) 以下、本論文においてはすべての旧仮名遣いを新仮名遣いに改めた。

(4) 戦後の沖縄県の人口増加と都市化については、岸［二〇一三］特に第一章を参照。

(5) A市史編纂室にて、二〇一六年三月三日と八月三〇日に聞き取り調査。

(6) R地区公民館にて、二〇一六年九月一六日に聞き取り調査。

文献

赤嶺政信　二〇一二『歴史のなかの久高島――家・門中と祭祀世界』慶友社
新垣清輝　一九五六『真和志市誌』真和志市役所
糸満市史編集委員会　一九九一『糸満市史 資料編一二 民俗資料』糸満市役所
浦添市史編集委員会　一九八三『浦添市史 第四巻資料編三 浦添の民俗』浦添市教育委員会
浦添市史編集委員会　一九八七『浦添市史 第七巻資料編六 浦添の戦後』浦添市教育委員会
沖縄県地域史協議会　二〇一一『琉球・沖縄の地域史研究――沖縄県地域史協議会の三〇年』
小熊誠（編）二〇一六『〈境界〉を越える沖縄――人・文化・民俗』森話社
嘉手納町史編纂委員会　一九九〇『嘉手納町史 資料編二 民俗資料』嘉手納町役場
岸政彦　二〇一三『同化と他者化――戦後沖縄の本土就職者たち』ナカニシヤ出版
北中城村史編纂委員会　一九九六『北中城村史 第二巻 民俗編』北中城村役場
宜野座村誌編集委員会　一九八九『宜野座村誌 第三巻資料編Ⅲ 民俗・自然・考古』宜野座村役場
宜野湾市誌編集委員会　一九八五『宜野湾市誌 第五巻資料編四 民俗』宜野湾市
塩月亮子　二〇一二『沖縄シャーマニズムの近代――聖なる狂気のゆくえ』森話社
北谷町史編集委員会　一九九二『北谷町史 第三巻資料編二 民俗 上』北谷町役場
豊見城市市史編集委員会民俗編専門部会　二〇〇八『豊見城市史 第二巻 民俗編』豊見城市役所
名護市史編さん委員会　二〇〇一『名護市史・本編九民俗Ⅰ 民俗誌』名護市役所
那覇市企画部市史編集室　一九七九『那覇市史 資料編第二巻中の七 那覇の民俗』
南西地域産業活性化センター　二〇〇三『沖縄県における地域歴史書刊行事業の成果とその意義　調査報告書』
西原町史編纂委員会　一九八九『西原町史 第四巻資料編三 西原の民俗』西原町役場
南風原町史編集委員会　二〇〇三『南風原町史 第六巻民俗資料編 南風原 シマの民俗』沖縄県南風原町役場
羽地村誌編集委員会　一九六二『羽地村誌』羽地村役所
比嘉政夫　一九八三『沖縄の門中と村落祭祀』三一書房
比嘉政夫　一九八二『沖縄民俗学の方法――民間の祭りと村落構造』新泉社

平敷令治　一九九〇『沖縄の祭祀と信仰』第一書房
屋嘉比収　二〇〇九「戦後世代が沖縄戦の当事者となる試み――沖縄戦地域史研究の変遷、『集団自決』、『強制的集団自殺』」『沖縄戦、米軍占領史を学びなおす――記憶をいかに継承するか』世織書房
吉野航一　二〇一二『沖縄社会とその宗教世界――外来宗教・スピリチュアリティ・地域振興』榕樹書林
与那原町史編集委員会　二〇一六『与那原町史 資料編 戦後の与那原』与那原町教育委員会
読谷村史編集委員会　一九九五『読谷村史 第四巻資料編三 読谷の民俗 上』読谷村役場

調整と介入——社会調査の社会的な正しさ

1　『オキナワの少年』と『沖縄列島』

次の語りは、一九五二年に沖縄に生まれたひとりの女性の生活史の一部である。両親はインドネシアに出稼ぎ移民をしていた。一九七〇年に滋賀県の短大に「就職進学」する。就職進学とは、短大や専門学校の夜間課程に通いながら昼間は工場などで働くという、当時よくあった進学形態で、多くは学校と会社がタイアップしておこなっていたという。昼間は働きながら短大の夜間コースに3年通ったのち、一九七三年に沖縄にUターンしている。次に引用するのは、彼女が内地でホームシックにかかっていたことの思い出である。

たまにテレビとかね、なんかで、今考えたらね、『オキナワの少年』って、芥川賞とった、『オキナワの少年』ってあったね、峰なんとか（東峰夫）、この人の映画があったわけ。わざわざね、大津市内までね、友だちと見に行ってから、オバアとかね、沖縄訛りとかね、（米軍用機の）爆音とか、（映画に）出るわけ。泣いてた、ずっと（笑）。もう、見れんかった、ずっと泣いてた、もう。もう沖縄に心が飛んでから。

映画、映画でしたよ。そうそう、『オキナワの少年』っていう映画があったわけ。友だちと行こう行こうってからね、行ったらもう、もう気持ちは沖縄に通じてるわけ。この主人公と自分がダブるとか、もう、見れんかった、もうずっとずっと泣いてね。いるときは普通だけどね、いったん離れたら、やっぱしね。故郷っていいものだとかね。［岸二〇一三：二〇六］

当時の沖縄からの本土移動者たちは、のちにその大半がUターンすることになる。私はかつて、この歴史的な移動の経験について聞き取り調査をしたことがある。その調査で出会った多くの人びとによって、内地に移動して感じた沖縄へのホームシックが語られた。これもそのような語りのひとつだ。

何度か耳にした「ノスタルジックな語り」だと思って聞いていたのだが、調査が終了して念のため調べてみると、東峰夫原作の『オキナワの少年』が映画化され上映されたのは一九八三年のことであった。つまり、七〇年ごろに内地で上映されたわけがない、ということがわかったのである。

私はこのことを、とても面白いと思った。どこかで何かが混同されているのだろうが、それにしてもこの語りは、とても「典型的な」ノスタルジックな語りであるように思われた。内地からとつぜんやってきた私のような調査者に、内地で沖縄の映画を見て泣いた、という物語に寄せて、自らの経験を語ったのだ。事実関係としては間違っていたとしても、それでもこれは紛れもなく、戦後沖縄史そのものであるような語りだった。

私はこのことをあるところで書いたのだが、それを読んだ数人の方から、これは『沖縄列島』という映画と混同しているのではないか、との指摘を受けた。調べてみるとそれは、東陽一によって監督された、一九六九年の映画である。一九七〇年に内地に渡ったとすれば、関西で観ている可能性は、なくはない。『オキナワの少年』の原作者が東峰夫で、『沖縄列島』の監督が東陽一。名前もよく似ている。特に、語りのなかで米軍機の爆音のことが語られていて、内容的にも時代的にも、『沖縄列島』で間違いはないと思われるが、それでもなお、「主人公に自分を重ねた」という語りは、まだ曖昧なところが残る。『沖縄列島』は断片的なシーンをつなぎ合わせた実験的なドキュメンタリー作品で、映画マニアでもない若者が強く感情移入できるような主人公が存在しないからだ。

ともかくも、聞き取り後の探索や、さらにその後の、複数の人びとからのSNSなどでの指摘を受けながら、事実関係が徐々に明らかになってきたことは、とても興味深い。もちろん、細かい事実関係においていくらかの混同や誤りが含まれていたからといって、語られた生活史そのものの意味がそれによって左右されるわけではない。しかし、このエピソードは、調査というものが聞き取りの現場だけでは完結しないこと、質的調査も公共の場においておこなわれ、多数の人びとによって見られていること、それによって事実関係が明らかになったり、あるいは場合によっては理論的枠組みや分析そのものも変化するかもしれないということを示しているのである。もちろんこうした過程を経験したのはこの一例だけではない。むしろ、質的調査とは、常にこういうものである。

質的調査の「正しさ」は、どのように得られるのだろうか。あるいは逆に、おおまかにでも「正しい」質的調査というものがもしあった場合、それはどのようにして可能になっているのだろうか。

ある質的調査があり、そしてそれが正しい、ということは、どういうことだろうか。量的調査の場合は、確率という概念が鍵になっている。ある標本を調査して、ある結果が出たとして、その結果は、ある確率の範囲内で母集団にも当てはまることが推定されるだろう。極端に簡単にいえば、量的調査は「ある確率の範囲内で」正しくあることが可能なのである。この領域では、そのための手続きが膨大に蓄積されているのだ。それはある範囲である集団の特徴を推定することができる。それは確率という概念を媒介として、現実と結びついているのである。

ここでの「正しさ」というものを、事実や現実との関わりであるとすると、この問いを、質的調査は事実や現実というものとどのような関係を結ぶことができるだろうか、という問いへと言い換えることもできる。質的調査にもさまざまな種類や目的があって、一概には言えないのだが、それでも例えば、あるひとつのケースについてその詳細なディテールを描くにせよ、特定の社会問題や社会集団についてのある程度の一般化や理論化をおこなうにせよ、質的調査には確率に変わるような概念は存在しないために、せいぜい「社会的にある程度受け入れられうる正しさ」しか求めることができない。この場合の「正しさ」とは、それがある特定のケースを「よく描いて」いたり、ケースの一般化や理論化が「無理なくできている」ということである。つまり、「社会的に」受け入れられる質的調査が「正しい」質的調査である、ということだ。

ここで突然「社会的」という概念を導入することに不安がないわけではないが、本稿のとりあえずの出発点として、この「社会的に受け入れられる」質的調査はどのようなもので、それはどのようにして可能になるのか、ということを考えることから始めたい。

まず、個人の語りに立脚する質的調査の方法として、オーラルヒストリー、ライフストーリー、ライフヒストリーを取り上げ、それらの方法論のなかで「事実」、あるいは「事実でないもの」がどのように扱われているかを簡単に参照する。この三つの方法論において、常に問題となる個人の語りの「あやふやさ」「頼りなさ」が、必ずしもライフストーリーを信奉する人びとが強く述べるように、事実からの断絶をもたらすわけではないことを述べる。むしろ、オーラルヒストリーやライフヒストリーでは、「それでもなお」事実や現実とのつながりが目指されているのである。

しかし、個人の語りの社会学と、事実や現実とのつながりは、それほど簡単なことではない。言うまでもなくそれは、質的方法に内在的な手続きなどによっては保証できるはずもない。おそらくこのことから、ライフストーリーの人びとの振り子が逆に振れ、事実と手を切ってしまったのだろう。その意味で、原理主義的な「科学主義」とライフストーリーの人びとは、実は正しい科学的知識が量的・実証的なやり方でしか手に入らないという信念を共有しているとも言える。

次に、私自身が経験した二つの例から、「質的調査における介入」と「量的調査における調整」を描き、それらが質的調査に限らず社会調査というものが「正しさ」を得るためには必要不可欠なプロセスであることを論じる。もちろんそれは、それさえあれば十分である、という条件ではない。もし正しい質的調査があるとすれば、それは必然的にこのようなプロセスを経ているであろう、という意味である。したがってここで提出できるのは、調査プログラムとしては非常に心もとない、不十分なものだが、それでもそれは議論を一歩進めることにはなるだろう。

私たちは、確率という概念、あるいはより具体的にいえば、代表性の確保やバイアスの除去や誤差の統制という手続きなしでも、「おおまかな正しさ」を得ることができる。そしてそのプロセスはおそらく、「社会的」なものになるだろう。

2　個人の語りにもとづく社会調査の方法

2－1　オーラルヒストリー

歴史学、歴史社会学において、あるいはジャーナリズムにおいても、オーラルヒストリーと呼ばれる手法が定着しつつある。それは、ある歴史的事件や出来事の当事者にその経験を語ってもらう、という方法だ。経験者がまだ存命しているような現代史研究の場合、その歴史的な現場を経験した人びとに聞くという手法は、ただ可能であるだけのものではなく、非常に有効である。公式の行政文書やマスメディアの記録には載せられていないような、リアルなディテールを、語りのなかからこそ大量に得ることができるからである。

これらのオーラルヒストリーは、権力や権威を持った人びとよりもむしろ、一般の市民、特に少数者や障害者や女性などが対象とされることが多い。それは「下からの」歴史叙述のための方法なのである。

たとえば、戦争中に様々な事情でベトナムにやってきて、戦後もベトナムに残留した日本人や台湾人のオーラルヒストリーを記録した吉沢南は、次のように述べている。

……聴取りをする私の意図はどこにあるのか。ここで一言だけ述べれば、私の意図は、戦争中民衆が体験した「アジアの戦争」を通して、現在の日本に「アジア」を内在化させたい、言いかえれば、「アジア」は日本の外に在るばかりでなく、日本の日常の中にも存在していることを事実をもって明らかにし、その意味を問いたい、というところにある。［吉沢 二〇一〇：八］

……あの戦争の中で国家の威を背景にもって、何百万人という日本人（その数からして、彼らは日本の一部の特権者ではなく、ごく平凡な庶民としか言いようがない）がアジアを移動し、アジアに住みつき、アジアの人々の上に君臨し、アジアを体験し、さらに敗戦後、国家の後盾を失いながらも、数は少ないながら、その一部の人が残留してアジアの人々とともに生きたその歴史を、民衆の立場から総括することがぜひとも必要である。これだけ大量の日本の庶民がアジアを体験したことはないのであるから、この歴史を素通りすることは、歴史の歪曲につながるであろう。そして歴史学の分野に限って言えば、まさに素通りしてすましてきたのが現実であろう。［同書 二五七］

この手法において、方法論的にもっとも問題になるのが、一般の人びとの口述の語りをデータとする場合、そこにつきものの語り手の主観、曖昧さ、記憶違い、省略や誇張などをどう捉えるか、ということである。

一九四九年、イタリアのある街のトラストゥッリという青年が、反政府集会で警察に射殺された。イタリアの歴史学者アレッサンドロ・ポルテッリは、その場に居合わせた多くの人びとに聞き取りをした結果、人びとによってこの事件がさまざまに異なったやり方で記憶され、語られていることを見出した。

ポルテッリは、こうした曖昧さ、不確かさは、オーラルヒストリーの「強み」であると述べている。そうした歴史の「異なる語り方」には、それを経験した人びとの、さまざまな意味や価値が込められているからである。彼が聞き取った語りは、歴史というものが人びとによってどのように経験され、意味付けされ、語られるのかをあらわす、それ自体が貴重な「歴史的データ」だったのである。

ポルテッリは次のように言う。長くなるが引用しよう。

> 事実と記憶との不一致は、最終的に、歴史文献としての口述資料の価値を高める。その不一致は記憶違いによって起こるのではなく……、重要な出来事と歴史一般の意味を理解しようとする努力の中で、能動的に、創造的に生み出される。実のところ、もし口述資料がルイージ・トラストゥッリの死について「正確」で「信頼できる」事実に基づいた再構成をする

だけならば、私たちがその出来事についてわかることはもっと少なくなるだろう。出来事そのものを超えて、これらの語りが浮かび上がらせる本当に重要な歴史的事実とは、記憶それ自体なのだ。［ポルテッリ 二〇一六：六二－六三］

……オーラルヒストリーが持つ一番の特徴は出来事についてよりもその意味について、私たちに教えてくれるということだ。このことは、オーラルヒストリーの事実性が保証されないという意味ではない。インタビューによってしばしば、これまで知られていなかった出来事が明らかにされたり、知られていた出来事の知られざる側面がわかったりする。……

しかし歴史研究者にとって、ほかの資料にないオーラルヒストリー独自の貴重な要素とは、話し手の主観である。……口述資料は人々が何をしたかだけでなく、何をしたかったのか、何をしていると思っていたのか、何をしたと今思っているのかについて私たちに教えてくれる。口述資料は、例えばストライキに要した物質的なコストについて、すでに知られている以上のことをたくさん教えてはくれないかも知れない。けれども、それにかかった精神的なコストについては多くのことを教えてくれる。……口述資料を独自の、不可欠なものにしているのは、プロット――語り手が物語を伝えるために、素材を配置する方法――なのだ。語りをどう組み立てるかによって、話し手が自分と歴史との間にどんな関係を持っているのかが明らかになる。［同書 九三］

オーラルヒストリーのデータにおけるこうした「人間味」は、ポール・トンプソンによっても積極的に意味付けられている。口述資料の「信頼のおけなさ」について議論する章のなかでトンプソンは、それを「生き生きとした人間性」として解釈しているのである。

記憶された過去の歴史的価値は三点ある。第一に私たちが示してきたように、それは過去から重要で時にはほかからは得られない情報をもたらす、あるいはもたらすことができるのである。第二に、記憶された過去は、遠い昔の一部や、その周囲にある個人的あるいは集団的意識を伝えるものである。

それ以上に重要なのは、口述史料のもつ、生き生きとした人間性は、過去の情報と、個人と集団の意識に、ほかにはない第三の強みを与える。なぜなら、個人の立場を反映した過去を振り返って得られる洞察は、いつも欠点とは限らないからである。「歴史における長期的な意味を評価することを可能にするのは、まさにこの個人の立場を反映した歴史的な視点なのである」。歴史の中を生きていた人々を、歴史を評価する分野から排除するとしたら、私たちは、そのような類の回想に基づく歴史解釈を受け入れることを拒否するだろう。そうした研究は私たちが目指すものではない。……私たちは、子どもの死はあまりにも日常的だったからといって、本人に尋ねることなく、子どもたちの死によって両親が悲しまなかったと

推定することはできないのである。［トンプソン 二〇〇二：二九六－二九七］

このような「信用できなさ」は、そのはじまりの時代から、すべての質的調査、特に生活史についてまわっている。

この問題を回避するために、二つの方法がある。まずひとつは、それを技術的に回避できる問題として処理する方法。次に、オーラルヒストリーのデータは「そもそもそういうものである」、あるいは、そういう曖昧な部分こそがオーラルヒストリーの価値である、と積極的に捉える方法である。

おそらく前者の方法をもっとも強力に採用するのが、植民地朝鮮から日本に密航してきた人びとのオーラルヒストリーを聞いた朴沙羅である。

過去の事件や出来事について調べるとき、事件や出来事を描く場合もあれば、事件や出来事を成立させたいろいろな条件を描く場合もある。過去のある出来事は、その出来事を共有した人々にとって何だったのか。その出来事に際して、関係者各々はどう行動したのか。その行動と状況の理解とは、いかなる知識や常識（common sense）に基づいていたのか。これらを検討することで、過去の経験を成立させた条件を明らかにできないだろうか。必ずしも「オーラル」でなくても、過去の出来事やその経験の描写から、過去の社会を記述することができないだろうか。

これまで検討してきたように、オーラルヒストリー調査には、実のところ口述資料を用いない歴史研究の方法と共通した方針に基づいている部分が多い。言い換えれば、口述資料の特徴には、口述資料でないと絶対に得られない要素はそれほど多くない。とすれば、口頭で得られた過去の出来事に関する描写を社会学のデータとして用いる際、強調すべきは「口述(oral)」ではなく「史(history)」のほうではないだろうか。[朴 二〇一七:五六−五七]

ここで「oral」という言葉で「history」と対置してイメージされているのは、明らかに事実と独立のもの、あやふやなもの、曖昧なもの、混同したり間違っていたりするような何かである。朴沙羅は、ポルテッリやトンプソンと比べると、明白に客観主義的な立場に立っている。

ここまで明確な形ではなくても、ポルテッリたちもまた、語りのなかの「事実でないもの」を、もういちど事実と結びつけて扱おうとしている。経験や記憶のぶれは、それ自体が歴史的事実なのである。語りのなかの曖昧な部分をどう解釈するかについて書かれた箇所だけ引用したので、ポルテッリもトンプソンも構築主義に近い立場のように見えるが、かれらの研究全体は、断固として事実や現実の側に立っている。ここでは「口述的なもの」は、歴史研究をより豊かにするためのものであり、それを根底から揺らがすようなものではないのだ。

2−2　ライフストーリー

日本語圏における生活史調査には、「ライフストーリー」と「ライフヒストリー」の二通りの片仮名の呼び方がある。しかしこのふたつはしばしば混じって使われていて、簡単に区別することができない。おなじ研究者が、ある時期は「ライフヒストリー」と言っていたが、いつのまにか「ライフストーリー」になっている、ということも少なくない。以下では、人びとの語りやそれが生まれる相互行為に焦点を合わせるものをライフストーリー、人びとによって語られた人生を社会構造や歴史のなかに位置付けて考えようとするものを大雑把にライフヒストリーと呼ぶ。ここでは、著者本人が自らの方法を「ライフヒストリー」と呼んでいるにもかかわらず「ライフストーリー」のなかに含めたものがある（あるいはその逆も）。

これらの膨大な研究を詳細に、かつ網羅的にレビューする作業は、本稿ではおこなわない。それは次の課題である。ただ、ここではこの二つの代表的と思われる研究をいくつか概観し、そこであやふやなもの、多様なもの、事実でないものがどう扱われているかを、ごく簡単にまとめることとしたい。

ケン・プラマーは、性についてのストーリーがどのようにして生み出されるかについて、次のように述べる。

……もはや人びとはただ単純に、自分たちのセクシュアルな生活を「語る」ことで、そうした生活の「真実」を暴露するのではない。そうではなく人びとは、自分自身を社会的に組織された伝記的対象に変えるのである。彼らは、真実に関係しているか否かにかかわりなく、親密な自己の物語を構成し、すこし言い方が荒っぽいかもしれないが、でっちあげもする。彼らのストーリーは、ほんとうにある内的な真実を単純に開陳したものとして考えられるべきものだろうか。[プラマー 一九九八：七〇]

同じように、ライフストーリー派の代表である桜井厚にとっても、語りというものはそもそも事実とは無関係である。あるいは、事実とは「異なる」水準にある。語りとは、あくまでも為されるもの、表されるもの、行われるものである。それは現実の反映ではない。

語りとしての生とは、ライフストーリーを中核とする言語的表象であって、言語行為としての文化的慣習、聞き手との関係や社会的文脈によって左右されるものである。語りとしての生がたとえその人が属するカテゴリー集団に代表される標準的なものであったとしても、生活としての生もまた標準的、代表的であるとはかぎらない。むしろ、それなりに個性的で自律的であると考える方が自然だろう。生活としての生としての外的行動、経験としての生としての内的状態、それらと語りとしての生とのあいだにギャップがないと想定することは、個人が当該の集団や文化の完全なコピーにすぎないことを前提としないかぎりありえない。［桜井 二〇〇二：三二］

私の被差別マイノリティへのインタビュー経験でも、突然、予期せぬ出来事についての語りが登場したり、語りが中断して続かなくなったり、肝心なことが語られていなかったりしたことがよくあった。衝撃的な出来事の体験、トラウマ体験、沈黙の語りなど、物語世界の一貫性を構成できない断片的な語りこそが、語り方や語られるコンテクストの心理的・社会的・文化的機能といった別の局面をあきらかにしてくれるのではないだろうか。［同書 九四］

プラマーと桜井がどちらも強い調子で述べているのは、語りと人生とは別だ、ということだ。特に桜井はのちに、「語りが事実を反映するのか、はたまた語りが事実（現実）を作るのか、といった語りの真偽に関する二分法に対して、私の立場はどちらでもない、あるいはどちらでもある、ということになる」［桜井 二〇一二：二三］と微妙に軌道修正しているが、基本的には彼の方法論は、語りが事実か事実でないかを一切問わない、というものだ。そこから何が言えるのか、ということに関しては、かなり難しい議論になると私は思うが、すでに本書の「鉤括弧を外す」で詳しく述べたように、彼の方法論を、少なくとも彼が言う通りに実践した場合、かなりの困難が生じることになる。

桜井の方法論は、「ライフストーリー」を採用する人びとのあいだで、それほど厳密ではない形で、つまり語り手がどのような社会構造のなかに生きているか、どのような歴史的状況のなかで暮らしているか、どうやってその歴史と構造のなかで生き延びているか、ということへの問いを含んだ形で形で受け継がれている。

蘭由岐子は、桜井を引きながらこう述べている。


目の前にいる、○○さんという個人の「考え、思い、感情」などの主観的現実をとらえることに主眼をおけば、ハンセン病者であるという（あるひとつのカテゴリーに属しているということ）だけで、その態度や行為様式が同質的であるとか、そのひとのある志向性が生活において首尾一貫していると考えることのおかしさが明らかになる（たとえば、ハンセン病訴訟に対する病者の態度など）。いいかえれば、同じ「出来事」を体験していてもその経験やそれについての語りは、語る主体によって変化するのである。それぞれが自分たちなりの意味づけを行うからである。［蘭 二〇一七：七九］

個人によって、その属するカテゴリーが同じでも、主観的現実・主観的意味世界は異なるが、こんどはその個々人の主観的現実、意味世界に多義性を認めるというのである。すなわち、病者の「異口」の「語り」自体（語りの内部で）が一貫性をもたず混沌としていることに目を向けるのである。たとえば、よく見受けられるのが出来事のクロノロジカルな時間が一定しないことである。調査者は、対面している個人の人生の出来事を順序立てて理解しようとする傾向が強いが、語り手はそのようなクロノロジカルな時間への配慮はせず、出来事の継起やそれらの意味の軽重に関心をはらいながら語るのである。［同書八一－八二］

ハンセン病という具体的な問題にコミットしていることから、蘭の実際のテクストは社会構造や制度の歴史を含んだものになっているが、いずれにせよここでは、歴史や構造から独立したものとして語りというものが定義されているのである。したがってかれらの方法論では、あいまいなもの、あやふやなもの、多様で流動的なものは、むしろ重視されることになる。

2－3　ライフヒストリー

日本に生活史調査を定着させた中野卓は、断固たる客観主義者であり、実在論者である。かれにとって歴史的現実は実在するものであり、聞き取りで語られる個人的な人生も実在している。ときには「幻想幻覚の経験」が語られることもあるが、そうした物語も含めてそれは、庶民の実際の経験であり、現実感なのである。そういう意味ですべては実在している。生活史の社会学の目的は、個人の人生からみた歴史と構造を描くことにある。彼が残した名もない庶民の膨大な生活史のモノグラフは、どれもみな、きわめてリアルな個人の人生の経験であり、そして同時に、激動する近代日本の歴史そのものでもある。

社会学は社会的現実を対象とし、社会という現実は、過去の現実も現在の現実も、歴史的現実以外のものではありえない。ライフ・ヒストリー（生活史、個人史）は、本人が主体的に捉えた自己の人生の歴史を、調査者の協力のもとに、本人が口述あるいは記述した作品である。民族誌的な研究の場合と同様に、自他の伝記作成の場合も含めて、人生の現実を再構成することによって解明しようとするライフ・ヒストリーなるものは、私小説や歴史文学のような創作、つまり現実の人生や歴史に虚構を加え芸術的に再構成されたフィクションからは厳密に区別される。［中野 二〇〇三：一〇二］

……専門の歴史家によって記述された歴史にしても、歴史記述というものが、例外なしに始めあり終わり（起承転結）のあるストーリーとして執筆されるのと同様に、ライフ・ヒストリー、個人の人生の歴史もまた、ストーリーとして語られ記されるが、そのストーリー性は、ヒストリー一般に伴う限りのストーリー性であり、歴史的現実について語られ書かれたものでなければヒストリーとは呼べない。……

歴史記述もまた当然、「絶対的に客観的な事実」の再現などではありえないが、歴史的現実を記述した作品として相対的に信頼できる確かさ（信憑性 authenticity）が要求される。個人史の場合、本人が自己の現実の人生を想起し述べているライフ・ストーリーに、本人の内面から見た現実の主体的把握を重視しつつ、研究者が近現代の社会史と照合し位置付け、註記を添えライフ・ヒストリーに仕上げる。本人が内面から捉えた個人史の現実はもとより本人の現在の視点から述べられるが、研究者が解釈し編纂し、また分析するのも研究者自身の、同様に現在の視点に立ってなされる。現在の視点に立ってなされるからといって双方とも、それゆえにフィクション（虚構）と見なすのは誤りである。［同書 一〇二］

中野は、彼の作品のなかに登場する「松代さん」や「亀太さん」のような、ときには「幻想幻覚の経験」までも語るような人びとは、近代の日本社会を底辺から支えた人びとなのだと語っている。彼が描いたのは、そうした名もない庶民の生活史であり、そしてその生活史を通じた、近代の日本社会だった。

「口述の生活史」という方法でなら、そういう人々への共感をともなった理解を実現しうる、と私は考えるのである。彼らの語り口のままに読み取るとき、私自身が繰り返し経験したように、読者は話者たちとの間に間主観的な交流を持つに違いないからである。もとより、この人間的共感のゆえに、彼らの語った幻想幻覚の経験まで、ただちに普通の他の人々とも共有しうる歴史的現実と見なすような調査者兼執筆者の特権を強引に主張しているのではない。普通の近現代日本人の生きざまの、希少価値あるテキスト提供をめざしてきたのである。〔同書 一二九〕

……このように彼らの内面から生活史を聞くことを通して、それを人間的現実として共感をもって理解した結果、我々が歴史的現実と見なしてきたことの意味を、柔軟に再構成する用意をもち、それらを組み入れた新たな認識のもとに、我々の生きてきた歴史を解明していきたいのである。〔同書 一三〇〕

個人の人生の物語を、社会のなかで理解し、歴史のなかで描こうとするもうひとりの社会学者である谷富夫は、解釈学的方法と実証主義的方法を統合して、客観的な領域だけでなく主観的な領域までも含んだ経験科学としての生活史の社会学を構想している。

あらゆる科学は事実すなわち「本当にあった事柄」(広辞苑)に基づいて命題・仮説・理論を構成する。科学のかかる特徴を捉えて、以下では「経験科学」という用語を用いることにする。経験科学のなかでも、観察可能で、測定可能で、再現可能で、反証可能で、一般化可能な、そういう「事実」に基づいて理論は形成されなければならないとする立場を「実証主義」と言う。自然科学をモデルとする厳格な方法一元主義である。この立場から見れば、ライフヒストリーには「事実」とは言えないストーリーが多く含まれていることになる。もちろん、すべてが「事実」でないと言うわけではない。たとえば学歴や職歴など社会経済的地位は「事実」と言えるし、実際に起こった出来事も「事実」である。そして、これらもまた、ライフヒストリーの貴重なデータたりうることを軽視してはいけない。しかし、繰り返し述べているように、ライフヒストリー法では、行為の主観的動機や、体験の意味づけを尋ね、解釈しようとする場合が少なくない。しかるに実証主義は、この主観的な動機や意味づけを「事実」とは認定しないかもしれない。なぜならば、これらは外からは観察できないし、測定も難しいからである。また、先に述べたように調査者が変わればストーリーの内容も変わってくるとすれば、ストーリーの再現は難しいし、したがって反証や一般化も困難である。

では、行為の主観的意味は事実とは言えないのか。もちろんそんなことはない。たとえば、神が本当に存在するかどうかはともかく、神の存在を信じている人間がいることは事実である。……

……以上から、解釈学的方法もまた、事実認識の一方法と言えることがわかるだろう。したがって、この方法を経験科学のなかに位置づけることは十分に可能である。なぜならば、すでに述べたように経験科学の目的は、事実に基づいて仮説の索出と検証を繰り返し、理論を形成することにあるからだ。社会事象を、実証主義的「事実」のみならず、そこに生きる人間の行為の意味も含めて理論的に解明する、そういう経験科学を構想しよう。［谷 二〇〇三：一五―一七］

ダニエル・ベルトーは、ある対象や領域に関わる生活史の質的なデータの聞き取りを繰り返しおこなうことで、十分な一般化や理論化が可能だとはっきりと述べている。私たちはそれぞれ多様な人生を主体的に営んでいるのだが、また一方で私たちは、歴史的状況や社会構造に規制されてもいる。ある特定の民族や身分、地域、職業などの集団で、それぞれ個性的で多様である人生でも、ある共通する構造や状況のもとで、同じような経験を共有することは、考えられないことではない。ベルトーの方法論においてはむしろ、そうした共有された状況や経験の語りを集めて、歴史と構造を描きだすことこそが社会学の目的とされているのである。

このパースペクティブは断固として客観主義的であり、その目的は、孤立した一人の人の価値システムや表象の図式を内部からとらえるのでもなければ、一つの社会集団の価値をとらえるのでもなく、社会‐歴史的なリアリティの個別の断片や社会的対象を研究することにある。すなわち社会関係の配置やメカニズム、プロセス、社会的対象を特徴づける行為の論理に強調をおきながら、社会的対象がいかに機能するのか、いかに変化するのかをとらえることである。このパースペクティブでライフストーリーをもちいることは、統計や法規の文書、あるいは〈中心的な〉位置を占めるインフォーマントとのインタビューあるいは行動の直接的な観察のようなその他のソースを排除するものではない。［ベルトー 二〇〇三：三二］

このためにベルトーが提案しているのが「飽和」あるいは「繰り返し」という単純な方法である。たとえば「パリのパン職人」など、何らかの共通性のある対象者への生活史の聞き取りを繰り返すことによって、そこにそうした人びとの暮らしや経験についての理論化や一般化のための契機が浮かび上がるのである。

長くなるが引用しよう。

このフィールド調査は、……私にとってだけでなく、メディアと社会学者にも知られていない社会的世界を私に発見させてくれた。製パン労働者、徒弟、小さな店をもつパン職人とその配偶者たちの世界である。社会‐構造的関係と非常に厳しい競争ゲームで構造化され、がっちり組織化された世界は、職人的パン屋のさまざまなカテゴリーの当事者の行為の可能性（サルトルのいいかたでは、「可能性の場」）に非常に強い影響をあたえている。製パン労働者のもとでライフストーリーのいくつかを集めただけで、これらのストーリーがたがいに合致するのをただちに発見した。私はそこにおなじような非常に拘束的な状況が描かれていることをみいだした。一四歳で両親によって村のパン屋に徒弟として託され、報酬もなく主人とおなじ過酷なペースを強いられていた。主人に追い出されたかつての徒弟は町へ向かい、週六〇時間かそれ以上働く若い労働者としての収入のある仕事をみつけた。若い大人たちは、まだ労働者であったが、自営になりたいと望み、そのためには人生の伴侶としてだけでなく無報酬の仕事の協力者となってくれるような若い配偶者を絶対みつけなければならない（結婚契約は、恋をしている若い女性が知らないうちに、暗黙の仕事の契約にもなっている）。若い妻たちは、愛と結婚ではじめたこの仕事においてまったくの新米であるのに、一人か二人の子どもを育てながら、一日一〇時間週六日、ときに週七日働く状況にあることがわかった……。私は、数十の対照的なケース……とともに、フランスの二〇万人を雇用する一つの経済セクターの下部にある論理をとらえるにいたったこともわかった。私の結論では、「飽和」の現象のおかげで社会学をすることができる、すなわち「ケースヒストリー」、ライフストーリーの限りある数から、一つの社会にあてはまる一般化を提起することができた。その時代には、まったくのスクープであった。飽和の原理は、非数量的方法（ケースの研究で進められる）にとって、数量的方法における代表的サンプルの原理と同等のものを構成していた。［同書一九－二〇］

繰り返す、という方法は、単純ではあるが、とても重要な方法的アイディアだ。

私たちが出会う語り手たちは、そもそもいかなる「代表性」とも無関係である。たとえば「沖縄戦体験者の〈代表〉をひとりだけあげる」ことは不可能である。個別の、特別な、交換不可能な人生を生きている語り手と、たまたまの縁で出会い、その経験を語ってもらうのが私たちのしている調査である。

しかし、この個別的な調査を繰り返していると、何かうまく言葉にできないような、これはまさしく「沖縄的な」語りだとしかいえないようなものに出くわす。本書で引用している語りは、すべてそのような語りである。私はベルトーのように「飽和」という、誤解されがちな言葉は使わないが(「それ以上溶けない」ことはない。それはいつでも、思ってもみなかったような語りと出会う調査だ)、それでも一人ひとりの、一つひとつの語りのなかには、特別に沖縄的な語りや沖縄的な経験とでもいうしかないものがある。それはそれぞれがまったく異なる経験の語りで、ひとつとして似通ったものはないが、それでもそれらは、沖縄戦の経験そのもの、あるいはその後の戦後の沖縄社会史そのものだとしかいえないような語りなのだ。

ベルトーの「繰り返し」(あるいは「飽和」)という言葉は、聞き取り調査というものが、聞き取りの現場だけではなく、その前後に長く続く一連の社会的プロセスであることを思い出させる。私たちはひとりの語り手に何度も会って話を聞くし、あるいはたくさんの語り手たちと会って、たくさんの語りを繰り返し繰り返し聞く。あるいはまた、私たちは、対象となる語り手だけではなく、地元の相談役、自治会長、行政の担当者、新聞記者、社会活動家、在野の歴史家、大学の研究者、そして読者などといった、聞き取り調査の対象ではないが、それにとってなくてはならない人びととの相互作用を、長い期間にわたって繰り返し繰り返しおこなっていく。そういうプロセスを、ベルトーの方法は言い表しているのである。

さて、本節では以上のように、個人の語りに立脚する生活史調査を、便宜的にオーラルヒストリー、ライフストーリー、ライフヒストリーという三つに分けて、それぞれの方法論において事実、あるいは事実でないものがどのように扱われているかを簡単に見た。結果として、極端なライフストーリー以外の生活史調査の方法においては、主観的な解釈や非現実的な物語と同時に、歴史的事実の記述や社会学的な一般化・理論化が目標とされていることが明らかになった。

それでは、この事実というものは、個人史に基づく質的調査によって、どのようにして得られるのだろうか。次節以降ではこの点を論じる。そのためにまず、私自身の質的調査において経験された、「対象者からの介入」というケースについて述べる。次に、私自身の量的調査において経験された「現場での相互作用による調整」について述べる。最後に、こうした「調整と介入」という社会的プロセスは、量的・質的に関わらず、社会調査にとって必要なプロセスであることを主張する。

3　質的調査の公共性

質的調査は、しばしば「正しさを保証できない」と言われる。正しさを保証できないような社会調査の方法から、私たちはどうやって社会学的な「知識」を得ることができるのだろうか。

量的調査と比較して、質的調査は、「興味深いが曖昧である」と言われることが多い。それに対して量的調査は、「つまらないけど確か」であるとされる。量的調査と質的調査のもっとも素朴なレベルでの差異は、それが数字を使うかどうかということだが、より本質的には、それらは「正しさを保証するための手続き」が存在しているかどうかという点において異なるのである。

量的調査の統計的処理においては、おおまかにいって次のように手続きが進行する。まず人びとは、ある特定の指標や変数によって異なるいくつかのグループに分けられる。そのあとで、その指標ないし変数どうしが、それぞれのグループによってどれくらい異なるのかが計測される。そして、その変数の差異の度合いは、さまざまな検定によって「意味があるかないか」、つまりそれが「誤差ではないかどうか」が認定される。その検定に使われる係数の大きさがどれくらいであればその差異が「誤差ではない、意味のあるもの」かということは、究極的には慣習的に決定されるのだが、それでも量的調査には少なくとも数字で表せるだけの確固とした正しさの基準が存在していると言ってよい。

それでは、質的調査の正しさはどのように保証されるのだろうか。この問いに対する答えにはおそらく二つの答え方があるだろう。ひとつは、その手続きを確定し提示するというものである。もうひとつは、質的調査を採用する研究者が、「実際に」どのような状況のなかでどのようにして正しさを得ようとしているのかを記述するものである。

本稿では、このうちの後者のやり方で正しさ、あるいは「事実とのつながり」について考える。以下で、私自身が質的調査のプロセスにおいて経験したいくつかのできごとを描き、そのなかで正しさがどのように「つくられて」いくかを記述する。ここで目ざされているのは手続きの確定と提示ではなく、正しさがつくられていく過程の理解である。したがって、ここでの議論によって質的調査の正しさを「保証」することはできない。ただ、質的調査についてよく言われるいくつかの誤解を解くことはできるだろう。そうすることで、それは「思われているほど曖昧なものではない」ということは言えると考える。マニュアルのようなものを作ることに比べて、いくぶん消極的で間接的な議論だが、それでも質的調査と量的調査の似ている点と異なる点についての今後の議論を整理するための準備作業としては、意味があるだろう。

私は、打越正行と上原健太郎と三人で、二〇一二年から数年間、沖縄で「階層と共同体」に関する聞き取り調査をおこなった。のちに上間陽子が参加して四人となった。研究成果は一冊にまとめられ、『沖縄の階層と共同体』というタイトルで二〇一八年度中には出版される予定である。

沖縄は、社会学者たちにとって「共同性の楽園」であり、東京などの都市社会が失った横のつながりを色濃く残している場所として、多くの社会学者や人類学者、民俗学者から調査されてきた。

沖縄が内地の都市部と比べて共同体規範や家族規範の強い場所であることは確かだが、しかし経済的にみると、沖縄は意外なほど階層格差が大きな社会でもある。私たち四人は、それぞれ長い期間にわたる沖縄での調査経験から、この階層格差を身を以て感じていた。統計的に確かめたわけではないが、沖縄の「よくある」ライフコースとして、次の三つの型があるように思われた。ひとつは、たとえば琉球大学や内地の名門大学を卒業して、教員や公務員、あるいは大企業の正社員になる、「安定層」。もうひとつは、地元の高校や専門学校を出て、青年会に所属して、地元で介護士として働いたり居酒屋を経営する、「中間層」。そして、経済的に厳しい状況で育ち、学校からもドロップアウトし、地域社会からも排除される「不安定層」である。もちろん、すべての人びとがこの三つのどれかに含まれるわけでもないし、この三つによって沖縄社会の全体が描けるわけでもない。ただこれは、沖縄での調査や生活の経験から発見的に導き出された、仮説的なカテゴリーであるにすぎない。

私たちはこの沖縄の階層格差を、具体的に「沖縄的共同性との距離」から描こうとした。沖縄的共同性は、社会学や人類学の先行研究のなかでも、あるいは内地の一般の人びとのあいだでも、沖縄を語るうえでのひとつのクリシェ、パターンになっている。しかし私たちは、そうした固定的で一枚岩的な沖縄イメージ――どれだけ「沖縄的なもの」の価値を賞賛しようとも、いやそれだからこそ、常にそれは植民地主義的な視線になる危険がある――を相対化し多様化するために、あえて沖縄的共同性を階層格差という「真逆の」ものから捉えることを計画したのである。

この調査プロジェクトのなかで私の役割は、安定層の人びとの生活史を聞き取って、そこから共同体との関わりを考えることだった。二〇一二年から二年間ほどのあいだに、沖縄本島で生まれ育った二〇代から六〇代まで、男女ほぼ同数の、教員・公務員・大企業社員の方がた三五名に対して、生活史の聞き取りをおこなった。詳しくは『沖縄の階層と共同体』を参照していただきたいが、そこでは様々な人生の物語が語られた。そのなかで多くの語り手によって、琉球大学などに進学して安定層の道を歩むにつれて徐々に、地元のネットワークから疎遠になっていくこと、それほど模合（沖縄の頼母子講）にも参加せず、伝統文化にもあまり触れていないこと、いま現在親しく付き合っている友人たちはみな大卒の、おなじような階層の人びとであることなどが語られた。

これらの語りは単なる「定型的な語り」なのではない。それはひとりひとりまったく違った人生の、まったく異なった語りだったのだが、それでも沖縄の人びとが（沖縄に限ったことではないが）、何らかの歴史的状況のなかで、社会構造に規定されながら、よりよい暮らしをもとめて必死で生きていることを表すような、「社会的な語り」だったのである。

そうした、それぞれに異なりながらも、それぞれが沖縄という社会のなかで生きているのだということをしめす語りを聞き取りながら、私はさまざまな出来事に出会った。何人かの若い語り手たちとはそのまま友人になり、調査後も付き合いが続いている。

そして、あるとき、とても興味深いことがあった。ある語りを論文のなかで引用するために、事前に本人にメールして、引用する語りを確認していただいたのだが、そのときあるひとりの語り手が、私の枠組みに沿う形で、自らの語りを書き直してきたのである。

私は、この調査ではいつも、安定層（沖縄にはそういう言い方はないが）の方がたに、沖縄には大きな階層格差があること、そういう階層のどこにいるかで、共同体の経験が変わるのではないかということ、安定層の人びとは、地元の共同体からは相対的に「距離を取った生き方」をされているのではないか、ということを、必ず最初に述べるようにしていた。それで、話を聞いたすべての方から、ああそういうことはありますよ、心当たりありますね、ということを言っていただいた。

私自身の仮説や理論枠組みをお話しして聞き取りをしたあとで、事前の本人チェックをしてもらったときに、かれは自らの語りを、私の仮説通りに「より合致する」ように手直しして送ってくれたのである。

まず、もともとのかれの語りは、次のものであった。これは、那覇の真ん中で生まれ育ったかれが、高校のときに突然、那覇市郊外の、当時まだ農村の社会規範を色濃く残しているある地域に引っ越ししたときに感じた「カルチャーショック」の語りの一部である。

【訂正前】

△△（転居した郊外）ってとこがね、ものすごい土着してる人たちが、ちょっとこんな感じしてて。もう引っ越して三十年以上経ちますけど、基本的にそともの、よそものですね、ウチら。夏になったら、エイサーをね、エイサーじゃないですけど、本来そういう地域、地域で「道ジュネ」とかいろいろエイサーじゃないですけど、地域こじんまりとしたのやるんですけど、基本的に呼ばれませんから。うちはそういう青年いないから、呼ばれないのもあるんですけど、私いるときは（も）基本的には声かからないですからね。

で、あの入会地みたいなの持ってるんですよ、地元のあれで。で、入会地の、地元の人たちのこの土地は、基本的にこの元々いた人たちが共有して使うものであって、余所者が使うとこじゃないってもう完全にこうなってんですよ。

いや別に取ろうなんて気当然ないんですよ。自分のもんじゃないんですから。で、別になんか利用しようって気もないんですけど、基本的に一線を画しているな、ちょっと。

それ最初それ知らなくてですね、お袋がなんかそういう話してたんですけど、「えっここそういうとこなの」、「そうよ、ここはもう基本的に余所者はずっと余所者だから」。「だけど隣のおばちゃんとは仲良い」、「あれは、隣のおばちゃんの個人の付き合いだから。個人じゃなくて家族とか地域の付き合いになった瞬間こうなのよ、ほんとに」。「あ、そうなの」、「そうよ」って。

この語りは、事前チェックのときに次のように書き直された。

【訂正後】

△△（転居した郊外）ってとこがね、ものすごい土着してる人たちが、幅をきかせていて、もう引っ越して三十年以上経ちますけど、基本的にそとの人、ヨソ者ですね、ウチら。夏になったら、青年団のエイサーじゃないですけど、本来そういう地域、地域で「道ジュネ」とかをね、地域ごとで、こじんまりとしたものやるんですけど、基本的に呼ばれませんから。うちはそういう青年がいないから、呼ばれないってこともあるんですけど、私がいるときにも、基本的には声はかからなかったですからね。

で、あの入会地みたいなの持ってるんですよ、地元の共同財産みたいな感じで。で、入会地の、地元の人たちのこの土地は、基本的にこの元々いた人たちが共有して使うものであって、ヨソ者が使って良い土地じゃないってことになってるんですよ。

いや、別に取ろうなんて気当然ないですよ。自分のモノじゃないんですから。おまけに、家からは少し離れてるので利用しようって気もないんですけど、基本的に線引きされてるな、外様と地元の人とでは。

それ最初それ知らなくてですね、お袋がなんかそういう話してたんですけど、「えっ！ここそういうとこなの」、「そうよ、ここはもう基本的に余所者はずっと余所者だから」。「だけど隣のおばちゃんとは仲良いでしょ」、「あれは、隣のおばちゃんとの個人の付き合いだから。個人じゃなくて家族とか地域の付き合いになった瞬間こうなのよ、ほんとに」。「あ、そうなの」、「そうよ」って。

「幅をきかせていて」「青年団の」「地元の共同財産」「外様と地元の人」などの言葉が付け足され、より地元社会の閉鎖性が際立つ語りになっている。

もうひとつ、次の語りもまた書き直された。これは、現在の日常的な生活のなかで、地元の付き合いはほぼ完全に切断していて、同じような階層の人びとと親しく付き合っているという語りである。

【訂正前】

模合もですね。二回、二か所でやってたんですけど、一か所完全にあのみんななんかあっちこっちに、散ってしまっていなくなって。で、今集まってるのはその○○君とかあの○○市役所のやつとかあるんですけど、あれは年に二回しか集まらないので、夏場と冬場。

（「高校とか大学の友達？」）

そうですそうです。

（「割と同じような階層の方がた」）

えぇ、そうです。で、基本的にですね。もともと階層がどうのこうのって気にしてたわけじゃないですけど、あの大学のサークルのメンバーなんです。母体としては。


これが、次のように直された。


【訂正後】

模合もですね。二か所でやってたんですけど、社会人になってからの友人とやっていたヤツは完全にメンバーがあっちこっちに転勤で散ってしまっていなくなって。で、今、集まってるのは公務員なり大企業なり、教員なりがメンバーのもの一つだけ。年に二回しか集まらないので模合ではなくなってますけどね、夏場と冬場に飲むだけの集まり。

（「高校とか大学の友達？」）

そうですそうです。

（「割と同じような階層の方がた」）

えぇ、そうです。で、基本的にですね。もともと階層がどうのこうのって気にしてたわけじゃないですけど、あの高校から一緒の大学のサークルのメンバーが中心なんです。結果的に、皆さん、安定志向だったというか公務員・教員・大企業が多くなりました。中小企業に行くつもりで内定を貰った人も居たんですが、悉く、公務員試験に受かり、民間の内定を蹴ってます。私も、結局、公務員になっちゃいましたし。

「集まってるのは公務員なり大企業なり、教員なりがメンバーのもの一つだけ」「結果的に、皆さん、安定志向だったというか公務員・教員・大企業が多くなりました。中小企業に行くつもりで内定を貰った人も居たんですが、悉く、公務員試験に受かり、民間の内定を蹴ってます。私も、結局、公務員になっちゃいましたし」という長文が付け加えられて、私が述べたことがより強化されている。なお、せっかく私の考え方に沿って直していただいたのだが、さすがに語りそのものを書き換えたり書き足したりすることには抵抗感があり、本人に連絡して元にもどさせてもらった。

要するにこれは、私の枠組みや理解がひとりの語り手によって受け入れられた、ということである。生活史に限らずすべての質的調査は——ことによると量的調査も——、調査対象の人びとからのこうした「介入」に、常にさらされている。この場合は肯定的な介入だったのが、逆に、否定的な介入もある。

次の例は調査対象の方ではなく、ある沖縄県内の大学での私の集中講義を聞きにきた、県出身の五〇代男性の研究者の方からいただいたメールの一部である。
二〇一四年度末におこなわれたその集中講義で私は、生活史の方法論や拙著『同化と他者化』のためにおこなった本土Uターン者たちの調査結果についてだけでなく、ちょうどやり始めていた「沖縄の階層と共同体」の話もしていた。そこで私は、「離脱」という言葉を使って、沖縄の安定層が地元共同体から切り離されていくことを述べたのだが、この「離脱」という言葉、あるいはその考えかたそのものにたいして、授業の後の飲み会で一緒に飲んだあと、長文のメールをいただいたのである。

ところで、「離脱」という言葉遣いについて〇〇大学？　の先生が不適切と反論なさったことについて気になっていたので、少し考えました。その先生にとって、郷愁をともなう沖縄は、現状とは無関連に良きものであり続けないと困るという心情があるのではないかと愚考いたしました。私にとっては、生まれ育ち、現在も住んでいる〇〇の街は、愛憎半ばといったところです。しかし、この地に拘って住み続けているわけですし、「離脱」したいとも思いません。その意味においては、「離脱」と言われても「私は、該当者ではない。」と感じています。先日、ニュースを見ていると暴力団「離脱」者が増加している、という表現が出てきました。暴力団は、悪しきものですよね。「離脱」という言葉遣いに対して「当事者」であるはずの対象がどのような反応をするかは、自身がそこをどのように意味づけているかによって異なるのだろうなあと素朴に思いました。「ふるさとは遠きにありて思うもの」ということには、共感を覚えます。遠くに住んでいれば、いくらでも幻想化することが可能ですが、そこで自らの生活が営まれていると窮屈な思いをすることも多々あります。だけど、離れたくない。何でしょうね？　帰巣本能ですか？

……私に関していうと、用語はどうでもよいという立場です。むしろ、用語を適切にしたとしても、私は、自身の「キャリア」と地元から飛び出すことことを関連づけたくない、むしろ私の教員というポジションを旧友が意識することを邪魔に感じています。学校の同僚などよりも地元の友人の方が余程、大切です。（学内に友人と呼べる人は一人しかいません。トホホ。）また、私は、ある自転車チームに所属しているのですが、趣味の集まりですのでお互いの仕事のことや家族のことなど、とくに話題にしないことを気楽に感じています。地元密着、職種フリーな生活が居心地がよいのです。

ここで少し補足すると、「不適切と反論」というのは、こういうことである。この集中講義には、県内外から何人もの研究者や院生などが参加したのだが、そのうちのひとりの、メールをいただいた方とはまた別の研究者の方が、質疑応答のなかで、「離脱という言葉を使うのは意味が強すぎるのではないか」という発言をされたのである。完全に分離する、という意味では、確かにそれは強すぎると感じたので、それ以来私は、「距離化」などの言葉を使うようになった。しかしこの言葉もメールを書かれた方は気に入らなかったようで、それは用語の問題ではない、地元から一切離れてなどいない、と書いたメールをいただいた。

このお二人からの意見を反映し、私は離脱という言葉ではなく距離化という言葉を使うようになったが、メールに書かれていたことは、表現の問題だけではなく、枠組みそのものへの批判である。私としては、「離脱」という概念によって、地元の共同体から「完全に」切り離されているということまで主張するつもりはなかった。しかし少なくとも、たとえば教員や公務員などの安定した職業について安定した収入がある人びとと、高卒などで地域で不安定な飲食業などを営む人びととでは、地元の共同体に対しての「関わり方」にある程度の違いが出るのではないかと考えていた。そしてそのことは、私が話を聞いたほとんどの語り手の方がたによっても、基本的に肯定されていた。したがって私の枠組みそのものを破棄するまでには至らなかったのだが（それ自体もまた相互調整の結果である）、それにしても質的データから一般的なことを述べることの本質的な難しさについて、痛感することとなった。その後もさまざまな場所で、さまざまな人びとに私の理論枠組を話したのだが、ここまで強く違和感を表明されたことは他にはなかった。

いずれにせよ、そもそもこうした介入があって初めて、私たちの調査や研究の結果が、「より受け入れられやすく」なるのである。逆にいえば、質的調査が「より受け入れられやすく」なるためには、こうした調査をめぐるさまざまな人びとからの介入や相互の調整が、どうしても必要になる。

以上のふたつのケースのような介入を通じて、私自身の理論枠組みや解釈が、どの程度「正しくなった」のかについては、最大限慎重になる必要があると思う。あるいは、このような介入は特に、たとえば社会運動や行政、あるいはメディアそのものに対する調査においては、さらに大きくなるだろう。そこでは、より露骨な、政治的「介入」が起こるかもしれない。しかし、このような不断の介入に対して常に開かれていること、なるべくならこうした介入を受け入れ、調整していくことは、もし質的調査が「正しくなれる」とすれば、もっとも必要なことだろう。私たちの調査は、社会のなかにあるのだ。

私たちの調査は、社会のなかにあり、社会とともにある。すべての調査は、当事者、研究者、関係者、行政、メディアなどを含めた、「外部からの視線」にさらされている。こうした、調査をめぐるネットワークのなかで相互介入が起こることで、（楽観的な言い方が許されるなら）質的調査も、それなりの正しさに、漸進的に近づいていくことができる。ある中範囲の社会問題においては、研究者や当事者だけでなく、そこに「コミット」する人びとがたくさんいる。そうした人びとのなかでは、「何が正しいか」をめぐる闘争や葛藤が常に存在する。そのような社会関係のなかで、調査の結果やそのプロセスは、常に他者の目にさらされ、介入される。

質的調査の正しさを、内在的で科学的な手続きとして保証することはできないが、質的調査が実際にはどのようになされるかということを、いわば「エスノグラフィ的」に記述していくことはできる。質的調査はすでに社会学や人類学で盛んにおこなわれている。それは、それらの社会科学のなかで、すでにもっともありふれた方法になっている。

私たちがしなければならないのは、質的データに代表性も再現性もないからといって、その正しさをすべて捨ててしまい、果てしない「ストーリーの解釈ゲーム」に陥ることではない。私たちがしなければならないのは、すでにおこなわれている通常科学の方法としての質的調査の個々の調査結果が、どのくらい妥当なもので、どのくらい間違ったものなのかについて、具体的に問うことである。そして、こうした「質的調査の公共性」は、おそらくそのための唯一の手段なのである。質的調査の正しさは、手続きではなく、公共空間における社会的な相互作用のなかで構築されていく。しかしそれは単なる恣意的な、あるいは政治的なプロセスでしかないのではない。それがすでに通常科学の方法として確立されている以上、それは「実際に」正しくなりうるのである。

4　量的調査のブラックボックス

4－1　量的調査における「社会的なもの」

しかしここで、逆に問うこともできる。質的調査の正しさが、公共的な空間において、社会的な相互作用のなかでつくられていく（そしてそれは単に恣意的なプロセスにはならず、「実際に正しいはずである」）とすれば、量的調査は実際にどのようなプロセスにおいておこなわれているのだろうか。そこには「ブラックボックス」は存在しないのだろうか。

以下では視点を変え、量的調査のプロセスにおける「ブラックボックス」――つまり、社会的な調整と介入のプロセスに焦点をあてて、そこで実際にどのようなことが起きているか、そしてそれらはどのような意味を持つのか、ということについて考えることにする。

質的調査は、いつも決まった言葉で批判されている。それは、「面白いが確かではない」というものである。こうした質的調査の定義は、常に量的調査との対比においておこなわれる。たとえば、量的調査は逆に、面白くはないが確実であるものとして表現されている。

これらの批判によれば、質的調査は、さまざまなインスピレーションを与えてくれるものではあるが、それによっては何らかの確定された法則や知識、あるいは事実に到達できない。質的調査のプロセスには、主観性、恣意性、多義性、曖昧さ、あるいは社会的な相互行為による干渉などがあり、それらは質的調査の「ブラックボックス」として批判されている。

ここでもし質的調査の問題点であるところの「確実性のなさ」、あるいは「事実へ到達することの困難」の要因とされているものが、量的調査のプロセスにも存在し、次に、だから質的調査も量的調査も「同じように成り立っていない」と懐疑するのではなく、むしろ逆に、だからこそ質的調査も量的調査も「同じように成り立ちうるのだ」ということが言えれば、質的調査と量的調査の対比において指摘される質的調査の問題点は解消されるか、または少なくとも、程度の問題、ということになるだろう。

以下では、この二つのこと――「量的調査のプロセスにも質的調査と同じようなブラックボックスが存在する」ということと、「だからといってどちらも事実に到達できないわけではない」ということ――を述べようと思う。

質的調査におけるデータの主観性や恣意性、あるいは「秘儀性」について、安田三郎と原純輔の『社会調査ハンドブック(第三版)』では、以下のように書かれている。

[「統計的方法」と「事例研究法」の論争に関して]この論争の主要なポイントは、統計

的方法（前者）は、①多数の事例についてエキステンシヴに、②少数の側面を全体の中から切り取って、③しかし客観的に計数または計量して、④相関係数等の客観的な分析によって普遍化を行なうのに対し、事例研究法（後者）は、①′きわめて少数の事例について、②′多数の側面を全体関連的にインテンシヴに、③′主観的・洞察的に把握し、④′これまた主観的・洞察的に普遍化するものであるとされ、なおかつ、これらそれぞれ四つの性質は、本質的に相関連して切り離すことのできないものと考えられている点である。

誤解はここに存在するのである。……四つの性質は必ずしも本質的に相関連して分離できないものではない。……

第三の点では、客観的に計数または計量することが望ましい。確かに一部の学者が反対するように、すべての側面が客観的に計数または計量できるわけではないし、現実の微妙なニュアンスを損なうことがあることを認めなければならないが、主観的な科学というものは自己矛盾なのだから、できるだけの努力を払って忠実に客観化することはつねに科学者に課せられた責務である。もちろん、その努力が効を奏しないときには、主観的な把握が仮のものとして認められてよい。［安田・原 一九八二：五－六］

ここで安田らは、きわめて明解に、質的調査（事例研究法）は対象を「主観的・洞察的に把握し」、同時に「主観的・洞察的に普遍化する」ものなのだが、そのような主観的なものは科学ではない、と言い切っている。かれらは「多数の事例の少数の側面」を分析する量的調査と、「少数の事例の多数の側面」を分析する質的調査を両方とも批判するが、理想とされるのはあくまでも量的調査であって、多変量解析などの手法を使って、社会学は、多数の事例の多数の側面を分析する法則定立的科学とならなければならない、と主張している。

質的調査の本質が主観的・洞察的な対象の把握と記述にあり、そしてそれだからこそ、質的調査は科学たりえず、せいぜいが「仮のもの」として認められるだけであるという、このふたりが同書においておこなっている定義は、古典的で典型的なもので、いまでも多くの教科書でくり返される主張である。質的調査の手法が主観的な解釈や洞察に基づいていることと、そしてだからこそ科学ではありえない(あるいは客観的な事実に到達できない)という二つの論点は、何度も何度も指摘され続けている。

原純輔と海野道郎が書いた『社会調査演習』では、より強い主張がなされている。質的調査(聴取調査)は、調査者の主観に大きく左右され、確実性や同一性が確保できない。したがって、「聴取調査のようなデータに関しても、また、統計的処理の方法が工夫されるべきである」とまで言われている。

他方、調査対象者との自由な会話を通してデータを蒐集する聴取調査では、調査の進めかたが調査者の主観的判断に大きく依存する。そして、調査者の判断を左右する要素として経験と勘が強調される。どの方法を採用するかは、調査しようとしている事象の特性にも制約されるから、一概に調査票を用いる方法がよいとはいえない。また、調査票を用いる場合であっても、質問文の作成や面接のしかたには経験と勘は重要である。しかし、いつまでも客観化しにくい調査者の経験と勘だけに頼っている状態は望ましくないのであって、方法の標準化、(調査者の)訓練方法の確立を通して、客観性を高める努力が必要なのである。[原・海野 一九八四：一〇]

これに対して、非指示的面接調査では、質問の形式はバラバラである。むしろ、各回答者に適した形式を選択することによって、実質的な同一性を確保しようとするものであり、同一性の判断は調査者の主観にまかされる。ただし、これは、ややもすると調査者の独り合点に陥りやすく、注意が必要である。[同書 一五二]

第一に、多次元解析法とか多変量解析法と呼ばれる種々の統計的解析技法の発達によって、事象の特性を、単一の次元からだけではなく、多次元的に捉え、総合的に処理することが可能である。

第二に、総合的・多次元的な見方は重要であるが、同時に、その場合でも、現実の複雑な事象を可能なかぎり少ない次元によって捉え、説明していこうとすることが、科学研究の目標であることを忘れてはならない。そのことによって、思考の経済がもたらされ、知識の蓄積が可能になるのである。

このように考えると、聴取調査のようなデータに関しても、また、統計的処理の方法が工夫されるべきである。［同書 一五五］

質的調査における主観性の過剰と、標準化できないいわば「秘儀的」な方法という問題は、統計的処理によってのみ乗り越えられると言われている。現在の教科書ではここまではっきりとした断定がおもてだってなされることはまれだが、それにしても基本的には、これらの論者たちが、質的調査に関するある種のイメージを他の一般的な教科書や方法論的論文と共有していることは確かである。たとえば、これらの主張は、新［二〇〇五］、玉野［二〇〇八］、森岡［二〇〇八］など、多くの著作において、ポジティブにせよネガテイブにせよ、共有されている。

さて、量的調査においても、数字がデータに変換される過程で、なにかあやふやなもの、曖昧なものが存在することは、これまでもたびたび指摘されてきた。しかしそれらは総じて、分析に狂いを生じさせるノイズであり、技術的に処理されるべきものとして捉えられてきた。質的調査におけるブラックボックスが相互行為や解釈であったのに対して、量的調査におけるブラックボックスは、ノイズや錯誤などの「撹乱要因」である。

たとえば、盛山和夫の『社会調査法入門』では、次のように書かれている。

［調査票の点検は］英語でエディティングともよばれる。データを都合よく編集するような語感があるが、あくまで回答者の正確な回答を確定することである。調査直後にも簡単に点検はなされているが、調査票を一つ一つ丁寧にみながら、誤記入や回答洩れ、とくにつじつまの合わない回答はないかどうかチェックしていく。誤りがみつかったとき、もしも正しい記入内容を他の回答部分のデータから突き止めることができるときは、そのように訂正する。それが不可能なときは、回答をＤＫ扱いにする。万が一対象者の範囲にない人が回答していたときは、無効票としてその調査票は廃棄し、本来の対象者は回収不能であったものと処理する。全般的に回答に信頼がおけない調査票がみつかったときも同じである。［盛山 二〇〇四：一四四―四五］

調査票のデータを、ファイルに入力可能な数字や記号に置き換える作業がコーディングである。プリ・コーディングの場合には、前もって準備されたコード表に従って回答にコードを割り振っていけばよい。ただし、どのコードを割り振ったらいいか判断しにくい回答もある。なるべくチームを組んで、判断に迷うものは相談しながら進めていくのがいい。［同書 一四五］

現在の調査方法論では、量的調査といっても、それが何か素朴な自然を反映するようなデータを得られているわけではない、ということは、しばしば指摘されることだ。むしろ逆に、よくある統計データや量的調査がいかに曖昧で、矛盾に満ち、「いいかげん」なものであるかがしばしば指摘されているのである。しかしこのような曖昧さや多義性は、すべて技術的に処理しうる／すべき事柄として捉えられている。盛山の教科書においても、それは「正確な回答を確定すること」によって乗り越えられるものとして描かれている。

もちろん、技術的な処理で曖昧さを回避しようという量的調査の戦略はまったく間違ってはいない。それどころか、量的調査の目的からすれば、それはどうしても必要なことでもある。そして、量的調査の方法的議論においては、この技術的処理のノウハウが膨大に蓄積されている。

だがしかし、量的調査のブラックボックスそれ自体について——すなわち、量的調査が依拠する数値的データが実際に調査対象となる人びとから得られる「その瞬間」において「実際には何が起きているのか」ということについては、これまで十分に考察されてきたとはいいがたい。次項でみるように、実は実際の量的調査のプロセスにおいても、質的調査において指摘されてきたような、社会的相互行為や調査者の積極的解釈といったブラックボックスが存在するのである。ここで、盛山自身が「チームを組んで、判断に迷うものは相談しながら進めていく」と書いていることは非常に興味深い。それは確かに正しいやり方だ。しかし、それではこのチームのなかでは、何が問われ、どのような討議がなされ、そしてどのように合意が達成されて、「事実」に到達していくのだろうか。それはまさに、「社会的相互作用」である。量的調査のプロセスのなかに、社会的相互作用や解釈の過程が、いわば「ブラックボックスとして」しっかりと組み込まれているのである。

ここで、本節で問われるべき問題を、次のように設定することができる。それは、量的調査のブラックボックスにおいて、データが得られるまさにその瞬間に何が起きているのか、そしてそれはどのような意味があるのか、ということである。この問題を問うために、次項からは、実際に私がおこなった量的調査の現場で起きたさまざまなことがらを、ミクロな視点からエスノグラフィー的に描き出そうと思う。

4-2 「朝日町」調査の概要

この調査は、二〇〇八年度から〇九年度にかけて、当時私が所属していた龍谷大学の国際社会文化研究所から助成を受けて実施された（この調査の概要に関する以下の記述は、岸ほか［二〇一一］と一部重複する）。対象となった地域は、大阪市内の巨大なターミナル駅に隣接する都市型被差別部落の「朝日町」（仮名）である。朝日町では戦後のかなり早い時期に部落解放同盟地元支部が結成され、その後の解放運動をリードした有名な活動家がここから多数輩出されている。最盛期には二〇〇〇人ほどの住民がいたと言われているが、現在ではかつての住民の多数が流出し、高齢化した静かな街になっている。

この朝日町で、同和向け市営住宅および分譲住宅に住むおよそ五〇〇世帯すべてを対象にアンケート調査を実施した。あわせて、三〇名以上の住民の方がたから、詳細な生活史を聞き取っている。アンケート調査では、およそ五〇〇世帯のうちで三三五世帯分の調査票を回収した。回収率はほぼ六六％である。三三五世帯、六九六人分のデータが集まった。

この調査にむけて、二〇〇七年度の終わりから〇八年度にかけて、朝日町の部落解放同盟支部、住民集会、各住宅の自治会、老人会などに挨拶に出向き、調査への協力をお願いした。また、実査に先立って調査協力を呼びかけるビラを全戸に配布した。この過程で、朝日町の何人かの有志住民や活動家の方がたにたいへんなご助力をいただいた。

実査の中心となったのは、私と齋藤直子（大阪市立大学）である。その他多くの大学の研究者や地域の活動家の方がたとネットワークを結成し、ご協力をいただいた。

まず私たち調査チームは、龍谷大学社会学部での授業などで調査アルバイトを募った。他にもいくつかの大学の教員からの協力を得て、龍谷大学だけではなく、大阪市立大学、大阪体育大学、大阪樟蔭女子大学などから、全体で三〇名以上の学生・院生などの応募があった。次に、応募した全調査員を対象に、朝日町におけるフィールドワークと研修を実施した。地元有志の方がたにご協力いただき、町内の人権文化センターで地域の歴史と現状、被差別部落に関する一般的な知識を学び、そのあと実際に朝日町を歩いて見学した。学生たちを単なるアルバイト要員として扱うのではなく、こうした研修を実施することで、学生に対する教育という点でも一定の効果があっただろう。あらかじめ、全戸に調査への協力をお願いするビラを配布してから、二人一組で各戸を訪れ、その場で調査票に記入する、というやり方でアンケートはおこなわれた。地元NPOのご好意で同和向け住宅の一室をお借りし、調査本部として私たちが期間中毎日待機し、調査棟の決定や持ち帰られた調査票のチェックなどをおこなった。二〇〇八年の一一月から〇九年の二月にかけて、曜日と時間帯を変えてあわせて一六日間にわたって調査はおこなわれ、大きなトラブルもなく無事終了した。

結果として、「高齢化」「流動化」「貧困化」という、都市型部落の実態が浮かび上がった。たとえば、調査ができた六九六人のうちで六五歳以上は二三六名、33・9％である。また、他地域出身の住民が62・2％だった。子どもや若者は朝日町で生まれた者が多いので、たとえばこれを世帯主に限定してみると、その数字は69・9％となる。七割の者が地域外からの流入者なのである。また、貧困化も進行しており、世帯の30・1％が生活保護受給世帯であった。世帯収入も、一〇〇万円未満が21・8％、一〇〇万円以上二〇〇万円未満が30・7％、あわせて五割以上の世帯が年収二〇〇万円未満で生活していることが明らかとなった。その他、詳しい集計結果についてはすでにいくつかの場所で公開している（岸［二〇一〇a］、［二〇一〇b］、岸ほか［二〇一一］、［二〇一四］）。

4-3　現場で「つくられる」データ

この朝日町調査では、私たち調査チームは、自らが調査にでかけることもあったが、基本的には調査本部で待機し、学生の調査員が持ち帰ってくる調査票の記入漏れや矛盾点のチェックにあたった。特に不慣れな調査員の場合には、単純なミスや記入漏れ、回答のあいだの矛盾などが多くみられた。たとえば、「収入」の項目で「年金」が選択されていないのに、「福祉」に関するところでは「公的年金の老齢年金を受給している」ことになっている、などである。他にも、「年金」と「生活保護」の区別がついていないと思われるケースも少なくなかった。

私たちチームは、持ち帰られた調査票のすべてに目を通し、ひとつひとつ丁寧に見直していくのだが、こうした記入の不備などに関しては、もういちど訪問して再調査したり、電話で聞いたり、あるいはその調査対象の方と親しい別の方から確認をとってもらったりした。すでに述べたように、この調査は地元の自治会や解放同盟支部などから全面的に協力していただいていて、再調査や再確認などもスムーズにおこなうことができたが、わざわざもういちど出向いたり電話したりするほどでもないような微妙なズレや間違い、あるいは、再調査が断られたときなどは、こちら側で解釈・判断することも多かった。

もっとも悩んだのが、勤め先の産業や職種の分類に関する項目である。職業中分類などに準じた項目へと回答者の回答をコード化していくのだが、分類不能の回答や、本人の回答の矛盾などが非常に多かった。高齢者や生活保護受給者が多かったこともあり、また職業もほとんどが不安定なもので、この項目に関しては途中から聞くことをやめてしまった。

あるいは、雇用状態に関する質問で、このようなことがあった。旧式の調査票にもとづく調査結果とも比較できるように、常雇、臨時雇日雇、会社・団体役員、自営業主その他に分類する質問と、正規職員（正社員）、パート・アルバイト、派遣・契約などに分類する二つの質問項目があった。この質問に、ある五〇代の男性（単身、移入者）は、どちらも「常雇」「正社員」と答えていた。しかし、調査員の話では、その根拠は「たこ焼き屋の屋台を引いて、毎日がんばって働いている」というものだった。「一人前の社会人」ほどの意味で「常雇」や「正社員」の言葉が使用されているのだろう。このケースでは、調査票を持ち帰ったときにすでに「たこ焼き屋の屋台を引いている」ということがわかっていたので、「自営業」と解釈し、そのように調査票を書き換えた。

また、次のような、若干こみいったケースもあった。地元の事情に非常に詳しい活動家の方と、事前に調査のお願いとしてすべての世帯に挨拶まわりをしていたときに、朝日町の路上である女性と出会った。彼女は当時、朝日町の外に住んでいたが、朝日町に単身で暮らす離婚した夫のもとをたまに訪れていて、そのときも、元夫の家に行くところだった。私たちは挨拶をしながら調査の話をすると、彼女は、「あのひと『いいかげん』だから、かわって私が答えます」と、自ら協力を申し出てくれた。

調査がはじまって、その男性を調査員が訪問したときに、そこから調査員が元妻に電話するという段取りになっていた。調査員は男性の家から元妻の家に電話をし、そこで「男性の生活実態に関するアンケートを、元妻に電話で答えてもらう」ということをした。男性は横でその様子を聞いていた。

その後、調査本部でちょっとした行き違いがあり、別の調査員が、その男性がすでに調査済みであることを認識せずに、彼のところに調査に行ってしまうというミスがあった。すると、その男性はすでに「元妻によって回答済み」であるにもかかわらず、なぜか何も説明せず、自らもういちどその調査員に回答した。

結果として、私たちのもとには二通の調査票が残されることになった。ひとつは元妻によるもの、ひとつは本人によるものだが、ここで問題が生じた。その内容がまったく異なっていたのである。地元の活動家の方が、その二人と個人的に親しかったことから、その内容をチェックし、最終的に元妻によって答えられたほうの調査票を採用した。職業や居住歴などのいくつもの項目で、本人が答えたものよりもはるかに正確だったのである。

こうした書き換えや再解釈の作業が、量的調査の作法として正しかったのかどうか、いまだによくわからない。しかし、このような極端な例ではなくても、常識と良識の範囲内において、そしてまた調査本部にいる複数の研究者や地域の有志の方がたとのオープンな議論のなかで、書き換えや再解釈を通じた「データへの落とし込み」が、調査の全期間を通じてつねにおこなわれていた。

さて、以上は、調査中のできごとをフィールドノートから再構成したものである。もうひとつ、この問題を考える際の資料になるものとして、調査員が聞き取り中に調査票に残した詳細なメモが大量に存在する。微妙な回答やすぐに理解できない回答があった場合、その場で自分で判断せず、とにかく調査対象者が語ったことをすべてメモするというきまりをつくっていたのである。

以下では、紙幅の都合でごくわずかの例をあげるにとどめるが、調査員が調査票に残したメモなどから、データがどのように現場において「つくられていったか」を、よりミクロなレベルで記述する。

4－4 再解釈される調査票

個票№００２、七四歳女性、単身世帯、近接する他の被差別部落からの移入者。同じ地域出身の夫とともに、三〇年ほど前に朝日町に移住したが、夫とは二〇年前に離別。その後再婚するが、また離別し、それ以来一人暮らしである。二人の子どものうち、最初の夫とのあいだにできた子は地区外の一般地域で暮らしている。後の夫とのあいだのもうひとりの子は亡くなっている。

「10 配偶者とはどのようにして知り合いましたか」という設問で、「喫茶店で偶然出会った」と答えたことが調査票にメモとして残されている。回答の選択肢は次のようになっている（過去の部落での調査で使われたものと同じ調査票を使用している)。

1　家族・親戚の紹介
2　知人・友人の紹介
3　学校で知り合った
4　職場で知り合った
5　サークル活動やボランティア活動で知り合った
6　部落解放運動などの取り組みを通じて知り合った
7　その他(具体的に)
8　わからない

調査員はこれらの選択肢のなかから「7」を選び、自由記述部分を空白にしている。調査票の余白には、この他にも多くのメモが残されている。それによれば、この女性は戦争と貧困のために小学校二年生で学校を辞めさせられ、それ以来、靴磨き、「土方」、「コボチ」(解体)、ビル清掃などの、低賃金の不安定な仕事を転々としている。子どもの頃は「おかゆやおから入りのごはんしか食べられなかった」らしい。結婚・出産し、隣接する部落から朝日町に移入した。初婚の相手は土木作業員で、離婚したあと再婚し、再婚相手とのあいだに二人めの子どもを産んでいるが、この子どもは後に亡くなっている。最初の夫とのあいだにできた子どもは関西の周辺部に住んでいるが、その妻が孫を朝日町に連れてきたがらない、ということも書かれている。なぜ義理の娘が孫を連れてこないのかについては、詳細な聞き取りをしなければ、アンケートを取りながら調査票の隅に走り書きされたメモでは何もわからないが、おそらく被差別部落との関係を忌避しているのだろう。

彼女は、最初の夫との出会いを「喫茶店で偶然」と表現している。喫茶店で偶然出会う、というのは、そのままではたいへん想像しづらい状況であるが、これはおそらく、「喫茶店みたいなところで、たまたま」ぐらいの言い方だったのではないだろうか。戦後のある時期、スナックやバーを「洋酒喫茶」と表現していたことがある。スナックのホステスとして働いていたときに後に夫となる男性客と出会ったか、あるいはバーで声をかけられたか、詳細は不明だが、いずれにしても「喫茶店で偶然」出会うよりは、こちらのほうがずっと自然である。実際に朝日町での生活史の聞き取りでは、「スナックのホステスをしているときに、客として来ていた男性と出会った」という語りが数多く語られた。

調査対象者によって語られた多くの語りや、あるいは語られたかもしれない語りは、こうしてその枝葉をすべて切り落とされ、「7　その他」などのような選択肢へと縮減されていくが、いうまでもなくこれは、もともと語られた語りを捏造しているとか、作り替えているということではない。これらの選択肢のどれか、と言われれば、誰でも「7」の項目を選択したに違いない。

ただ、そうはいっても、たとえばその「喫茶店での偶然の出会い」のディテールがもう少し語られていたら、結果が異なっていた可能性はじゅうぶんにある。たとえばそのときに常連だった他の客と一緒だったとか、あるいは狭い地域での地元の友人がそこに同席していたとか、あるいは他の知り合いに連れていってもらった店で出会ったとか、そういうことが語られていたら、「1　家族・親戚の紹介」や「2　知人・友人の紹介」が選ばれていただろう。アンケート調査の質問と回答が生まれてくる現場で、さまざまなやりとりを経て、この場では「7」が選ばれたのである。

くり返すがこれは、この結果がフィクションであるとか真実でないとか言いたいわけではない。むしろ逆で、私たちにはこうしたプロセスを経る以外に「事実」を得ることがそもそもできないのではないか、ということを主張したいのである。

その他の設問で、たとえば「14　障がいがありますか」というものがある。メモによれば、この問いに対して彼女は「耳が聴こえにくい（暴力のため）」と答えたようだ。この暴力とは、離婚した最初の夫からのものである。元夫から殴打されたときに鼓膜を傷つけたのだろう、それ以来耳が遠いということが語られていた。しかし、回答は「4　障がいはない」になっている。おそらく、フォーマルな障害者手帳をもらうほどの障がいではないと判断されたようだが、障害者手帳を持っているかどうかは他の独立した設問になっていて、本来であればここの問いは、純粋に「身体に不自由なところがあるかどうか」を聞くための問いである。したがって、本当に耳が聴こえにくいのであればここで身体障がいがあるという選択肢が選ばれた可能性もあるが、調査員は障がいではないと判断している。

もうひとつ、労働力状態を聞く問いのところで、仕事をしていない者が「失業者かどうか」を確定するために、求職中であるかどうかを聞く設問がある。求職中かどうか、という問いに対して、メモによれば彼女は「その気持ちはあるが、身体的に無理」と答えているが、ここの回答は「3　何もしていない」になっている。すでに高齢で、生活保護も受給しているところから、たとえばハローワークに通って職を探すということは実際にはしていないだろうが、いまの状況でいいと思わず、何とかしたいという気持ちがある、ということは、アンケートの結果からは完全に抜け落ちている。くり返すがこのことによってこのアンケートの結果が虚偽になるといっているわけではない。

以上は、調査票に書かれた回答の結果だけではなく、そこに至る過程で、語り手と聞き手によるさまざまな（主観的な）解釈や再解釈があることが、後から再構成できる例である。

次の例は、調査票のメモと調査員の報告から、現場のチームでの議論を経て、実際に調査票が書き換えられた例である。

No.005、七〇歳の男性、六四歳の妻と二人暮らし。市から委託される高齢者向けの仕事に就き、年金と合わせて世帯収入が二〇〇万円ほどある。五〇年近く前に朝日町に移入した。夫は一般地域出身だが、他地域の部落出身の妻と出会い、朝日町へ二人で移住し所帯を持った。

移住した経緯を聞いた「5－B2　なぜ朝日町に来られたのですか」という設問で、調査員が調査票に残したメモによれば、彼は若いころに親が夜逃げをして朝日町に「逃げ込んで」きていたらしい。彼自身は一般地域出身だと答えているが、その親は何らかのつながりがあったのだろう。その親を頼って、他地域の部落出身の、後に妻となる女性と二人で朝日町に移住しているのである。

問題は、選ぶことができる選択肢が、この場合「1　親の都合で」と「2　親戚を頼って」の二つあったことである。調査員は、はじめに「親の都合」にチェックを付けていたが、調査本部に持ち帰った調査票をもとに、この答えをどうするかで、あらためて調査チームのメンバーのあいだで議論になった。「親の都合で」という回答には、明らかに「親に連れられて」「親と一緒に」という意味が含まれている。あるいは、親が子どもに対して一緒に移住することを求めた場合に、このような表現になるだろう。先に親が移住していて、後からそれを頼って自分たちも移入した場合、「親の都合で」という回答は選びにくい。私たち調査チームは、議論の結果、「親戚」に親も含まれると解釈し、最終的に「2　親戚を頼って」を選択しなおした。私たちは、回答者の回答だけでなく、質問項目の持つ「意味」もその場で解釈しなおしたのである。

№023、六四歳女性、単身世帯。パートの仕事で二〇〇万円ほどの年収がある。隣県の部落に生まれ大阪市内の他地域の部落へ転入した。二一歳のときにそこで結婚し、子どもを三人産んだが、解放運動に参加することを夫に反対され、揉めた末に離婚。子どもたちを連れて、一時期は「橋の下」でホームレス生活をしていたという。運動に参加することと、公営住宅に入居することを求めて、一九八〇年代に朝日町へ移住した。

先ほどと同じ、朝日町への移住の理由・動機を聞いた質問「5－B2」で、まず始めに調査員は「9　その他（具体的に）」を選択し、自由記述の部分に「離婚」と記している。しかし、調査票に残された簡単なメモと、調査員が覚えていたそのときの会話から、上記のような経緯で朝日町にやってきたことが明らかとなった。調査員はここで、「朝日町に来た理由は何ですか」と質問し、それに対して調査対象者の女性がすぐに「離婚です」と答えたためこうなったのだが、残された記録と記憶から、自由記述の「離婚」という移住理由が妥当かどうかに関して、調査チームのなかで激しい議論となった。基本的には語り手の語った言葉をそのまま尊重すべきだが、解放運動に参加するためにそれまでの運動で出会った朝日町の知人を介して移入しており、これは選択肢「3　友人・知人を頼って」に該当すると解釈され、調査票が書き換えられることになった。実際に調査票のメモのなかに「解放運動をしていた知人を頼って」という記述があることが決め手となったのだが、このような調査票の再解釈には問題もあるかもしれない。しかし、設問の趣旨をより尊重した結果、私たちはこのような判断を下したのである。

以上のように、量的調査の現場において、調査対象者の「生の声」が「数値データ」に変換されていく際に、現場での相互作用や、調査者の判断や解釈が条件となっていることをみた。これらは、量的調査に誤謬をもたらす撹乱要因であるというよりもむしろ、そもそもそれなしではデータそのものも得られないようなものであり、その意味で、調査票のデータはいわばそのつどその場で「つくられている」のである。もちろん本稿で取り上げられた事例はごくわずかで、内容も些細なものであり、それを性急に一般化することはできないかもしれない。しかし、私はこれらの事例が、瑣末で取るに足らないものであるとも、極端な例外的事例であるとも考えていない。おそらく、すべての量的調査の、はじめから終わりまでを含む長いプロセスのなかに、大なり小なり、本稿で取り上げたような要素の入り込む余地が含まれているであろうことは、実際に調査のはじめから終わりまでを観察すれば、明らかなことである。

量的調査のプロセスのなかに、相互行為や解釈という、いわば「社会的要因」が含まれていることは、何を意味するのだろうか。

はじめに見たように、質的調査におけるブラックボックスは、調査者の主観的・恣意的な判断や解釈として、その「事実性」をあやふやにするものとして批判されていた。あるいは逆に、こうした主観的判断や現場での相互作用は、質的調査の「分厚い記述」や「内在的理解」をもたらすものとして、問題が逆転され、それこそが質的調査の目指す方向であることが主張されている。

これらのものと同じ要素が量的調査に含まれていた場合、質的調査への批判を保持しようとすれば、量的調査も同じようにその足もとを掘り崩されることになるだろう。量的調査を含めたすべての社会調査は、「事実」というものを手放さなければならないのだろうか。

ここで問題となるのは、質的・量的を問わず、社会調査に携わる研究者の相互行為や解釈・判断によってそのつど「つくられる」ものが、まったく恣意的で現実とは何の接点もないものでしかないのか、ということである。もちろん、そうである場合も少なくないだろう。私たちはすでに、多くの質的調査のなかで、対象の恣意的な選別やデータの主観的な解釈「でしかないもの」がはびこっている状態を目の当たりにしている。だが、あるものがある場合に恣意的になることもあるということと、その同じものがつねに恣意的でしかないということとは、まったく別のことである。

調査というものを、はじまりから終わりまでの一連の長いプロセスとしてみてみると、「調査対象者の語りが調査者との相互行為や解釈を通じて『データ』に変容する」ということ自体は、調査が量的だろうが質的だろうが共通していることがわかる。もともと量的調査においても、すでに入力されたデータのひとまとまりをパソコンで統計的に処理する際のさまざまな手法について標準化されているにすぎない。量的調査の教科書で書かれているのは、ほとんどがこの部分である。しかし、どのように調査を「実践」するか、という点においては、議論されることはとても少ないし、そこで起きていることは質的調査と変わりがない。

ここでもういちど、私たちの調査がどのように可能になったのかについて振り返ってみよう。まず、調査そのものを可能にしてくれたのは、朝日町という巨大な都市型被差別部落と私たち調査チームとの「縁」である。それは私たちの、研究歴だけではない、さまざまな「活動の生活史」が可能にしたものであった。具体的にこのプロジェクトが走り出したのは、当時私が所属していた大学のなかでの予算措置に目処が立ったからであった。すでに述べたことのくり返しになるが、そのあと私たちは、調査チームを組み、地元の解放同盟の支部と連携し、地域を回り、老人会や自治会に挨拶をし、調査協力を呼びかけるビラを作成し、それを自分たちで全戸の郵便受けに配付した。二〇〇〇年に大阪府と大阪市の被差別部落でおこなわれた調査（いわゆる「二〇〇〇年調査」）の調査票をもとに、同盟支部とも検討会を重ねながら質問項目を決定し、調査票を作成した。授業やゼミで呼びかけてアルバイト学生を多数確保し、実査に入る前に現地でフィールドワークと学習会を開催した。地元ＮＰＯから、同和住宅の一室を「調査本部」として借り受け、文房具などの必要な品物を準備し、日程を調整し、調査員のアルバイト学生たちに調査のやり方と調査票の記入方法を教えた。

4－5　社会調査における社会的なもの

これらの「社会的」なプロセスは、それ自体ではデータには影響を及ぼさないように見える。しかし、たとえばどこの地域に入るか、誰を対象とするか、どんな質問項目を立てるか、誰に実査をやらせるか、など、すでにこの段階で、調査の結果そのものを左右しかねないような解釈や判断が数多く含まれている。

そして、そのアンケートそれ自体の瞬間において、幾重もの解釈や判断が積み重ねられている。聞き手である学生たちの質問のしかた。それに対する調査対象者の答え方。今回は特に、世帯員のひとりひとりのことを、調査に応じてくれた方に代表になってもらい、その方を通じて聞いた。したがって、ここでも大きな解釈の余地がある。自分自身の来歴や生活実態に関することでも、ちょっとした勘違いから意図的な嘘まで、さまざまな「ノイズ」が入り込んでいることだろう。そして、その応答を調査票に書き込む際の、調査員の解釈がある。そこにも間違いや虚偽が含まれる可能性がある。調査本部に持ち帰られた調査票は、私たち研究者チームによって最終的に間違いがないかどうか確認されるのだが、このときに明らかな間違いや虚偽と思われるものは、もういちど同じところに調査に行ってもらうこともあれば、その場の私たちの判断で書き直すこともあった。そして、調査後も、どの項目を重視するか、詳しく集計するか、あるいは、調査結果全体から何を導くか、レポートをどの場所で発表するかなど、「社会的」なプロセスはいまにいたるまで終わることなく続いている。

こうした社会的な相互作用による調査結果の「構築」は、私たちと現地の共同体とのあいだに強いつながりがあり、朝日町の活動家や住民の有志が多数関わったことから、余計にはっきりと観察できたのだが、それは大なり小なりどの調査でも、人間を相手にしている限りは同じである。調査というものは、社会に埋め込まれたかたちでしか進行しないのだ。

「声」が「データ」になるまでの間に、このように膨大な解釈や相互行為への埋め込みがあるのである。これは単なる私個人の体験ではないだろう。ほとんどの部分を「外注」するような大規模な調査でも、研究者自身が目の当たりにするかどうかの違いだけで、同じような要素がそのプロセスにも入り込んでいるに違いない。私たちが処理する数字も、もとはといえば、誰かがアンケートを読んで、それに答え、そしてどの選択肢がふさわしいかそのつど解釈しているのである。つまり、解釈や再解釈という質的なプロセスが、量的な調査の基盤になっているのだ。

そして何よりも重要なことは、これらのことによって、質的調査だけでなく量的調査もまた正しさに到達できない、ということを意味しているのではない、ということである。一方に客観的なデータ、他方に主観的なデータがあるのではなく、すべてのデータが相互行為や主観的判断のなかでそのつど作られるのだとすると、私たちは他に手にするものは何もないわけだから、私たちはそれでやっていくしかない。そして、実際にそれでやっている。さらに、それでなんとかやっていけるはずである。それはいわば、完全に正しいものにはなれなくても、おおまかに正しいものにはなりうるはずなのである。どのような調査法においてもブラックボックスが存在するとすれば、そのつどの調査結果についてだけその客観性を問えばよくなり、あるひとつの調査法がまるごと疑わしい、というような事態を避けることができる。そして、そのようなおおまかな正しさにもとづいた調査は、個々の分析において間違うことがあっても、全体としては、外の世界の何かとつながっているはずである。そうした社会調査は、間違っているケースも多々あるが、おおまかに正しいものとして扱うほかないのである。

もちろんそれが「より」正しいものとなるためには、データやプロセスの透明性や、科学者共同体における討議への埋め込みなど、満たすべきさまざまな基準があるはずである。これらの個々の原則について検討することはここではできない。ただ、量的調査であろうと質的調査であろうと、社会学者共同体（およびそれを取り巻く外の世界）におけるオープンな議論自体が、この「おおまかな正しさという原則」に則っておこなわれる必要がある、ということは言えるだろう。したがってこの意味において、盛山和夫の、「なるべくチームを組んで、判断に迷うものは相談しながら進めていくのがいい」という主張は——おそらくは盛山が意図した以上に——正しいものだったのである。

もういちど私たちは、マートンに戻るべきなのであろう。もういちど、あるいは何度でも。

系統的な懐疑主義というものは、既存のしきたり、権威、既成の手続および一般に「神聖」視されている領域の一定の基盤について、ひそかに疑問を抱く。成程、信念や価値の経験的起源をはっきりさせることは、〈論理的にいえば、〉その妥当性を否定することではないが、素朴な心にとっては往々にしてそうした心理的効果を伴うのである。制度化されたシンボルや価値は、忠誠と執着と尊敬の態度を要求する。ところが科学は、自然や社会の一つ一つの局面について事実の問題を探求するが故に、同じデータに対する他の態度（科学以外の制度によって固定化され、しばしば儀礼化されているところの）と、論理的にではなく心理的に葛藤することになる。たいがいの制度は、無条件の信頼を要求するのであるが、科学という制度は懐疑をもって徳としている。……それらに対して科学的研究者は上から命令された無批

判的、儀礼的な態度で接することはない。［マートン 一九六一：五〇一］

科学のエトスとは、科学者を拘束すると考えられている価値と規範の複合体であって、感情に色どられたものである。この規範は、「すべし」、「すべからず」、「望ましい」、「して可なり」という形で表現せられ、制度的価値として正当化されている。訓令や事例によって伝達せられ、制裁によって強化されたこれらの至上命題はいろいろな程度で科学者によって内面化せられ、かくして彼の科学的良心、或は現代風に言いたければ彼の超自我をつくり上げるのである。［同書 五〇五］

マートンによれば、こうした科学者たちのエートス、モーレス、あるいは「ハビトゥス」、そしてそういうものに基づいた相互行為や解釈こそが、科学的な正しさを保証するのである。もちろんそれは「自動的」なプロセスではないだろうが、それにしても私たちは、こういうもの以外に何も頼るべきものは存在しない、ということを、何度でも自覚するべきだと思う。そして、このようなエートスやハビトゥスを持っているのは科学者だけではない。大切なのは、開かれた場で多くの人びとが参加する討議が、なるべく保証されているということだ。

いずれにせよ、量的調査のなかにブラックボックスがあるからといって、私たちは悲観的になる必要はない。それは、「量的調査は質的調査と同じくらい恣意的だ」ということを意味するのではなく、むしろ逆に「量的調査は質的調査と同じくらい正しい」ということを意味するだけだからである。

いずれにせよ、私たちはこれまで、相互行為や解釈といった「社会学的な」プロセスを、「事実」というものと切り離して考えてきた。しかし今後は、相互行為や意味的な解釈によってどのように「事実」、あるいは「世界」に到達できるかを、真面目に考えるべきである。

私たちは、事実や正しさというものを、いわば社会に委託するのだ。私たちは人びととともに、正しさや事実性を、その場で制作していくのである。

文献

新睦人　二〇〇五　『社会調査の基礎理論――仮説づくりの詳細なガイドライン』　川島書店

蘭由岐子　二〇一七　『「病いの経験」を聞き取る（新版）――ハンセン病者のライフヒストリー』　生活書院

岸政彦　二〇一〇a　「『複合下層』としての都市型部落――二〇〇九年度日之出地区実態調査から」『部落解放』　六二八　解放出版社

――二〇一〇b　「貧困という全体性――『複合下層』としての都市型部落から」『現代思想』三八（八）　青土社

岸政彦・青木恵理子・木村裕樹　二〇一四　「都市型被差別部落の実態調査――『大和』地区を中心に」『国際社会文化研究所紀要』　一六　龍谷大学国際社会文化研究所

岸政彦・齋藤直子・村澤真保呂　二〇一一　「複合下層の変容――都市型被差別部落における高齢化問題を中心に」『国際社会文化研究所紀要』　一三　龍谷大学国際社会文化研究所

桜井厚　二〇〇二　『インタビューの社会学――ライフストーリーの聞き方』　せりか書房

盛山和夫　二〇〇四『社会調査法入門』有斐閣
谷富夫　二〇〇八『新版 ライフヒストリーを学ぶ人のために』世界思想社
玉野和志　二〇〇八『実践社会調査入門――今すぐ調査を始めたい人へ』世界思想社
ポール・トンプソン　二〇〇二　酒井順子（訳）『記憶から歴史へ――オーラル・ヒストリーの世界』青木書店
中野卓　二〇〇三『生活史の研究（中野卓著作集生活史シリーズ）』東信堂
原純輔・海野道郎　一九八四『社会調査演習』東京大学出版会
朴沙羅　二〇一七『外国人をつくりだす――戦後日本における「密航」と入国管理制度の運用』ナカニシヤ出版
ケン・プラマー　一九九八　桜井厚・好井裕明・小林多寿子（訳）『セクシュアル・ストーリーの時代――語りのポリティクス』新曜社
ダニエル・ベルトー　二〇〇三　小林多寿子（訳）『ライフストーリー――エスノ社会学的パースペクティヴ』ミネルヴァ書房
アレッサンドロ・ポルテッリ　二〇一六　朴沙羅（訳）『オーラルヒストリーとは何か』水声社
ロバート・K・マートン　一九六一　森東吾・森好夫・金沢実・中島竜太郎（訳）『社会理論と社会構造』みすず書房
森岡清志　二〇〇八「事例調査とはどのようなものか」「事例調査の魅力を高める」新睦人・盛山和夫編『社会調査ゼミナール』有斐閣
安田三郎・原純輔　一九八二『社会調査ハンドブック』第三版　有斐閣
吉沢南　二〇一〇『私たちの中のアジアの戦争――仏領インドシナの「日本人」』有志舎

爆音のもとで暮らす——選択と責任について

1　はじめに——普天間に住むことは「自己責任」か？

二〇一五年六月二五日、あるベストセラー作家が、自民党若手議員による憲法改正のための「文化芸術懇話会」という勉強会で、次のような発言をした。

市街地に囲まれ世界一危険とされる米軍普天間飛行場の成り立ちを「もともと田んぼの中にあり、周りは何もなかった。基地の周りに行けば商売になると、みんな何十年もかかって基地の周りに住みだした」と述べ、基地の近隣住民がカネ目当てで移り住んできたとの認識を示した。（『沖縄タイムス』二〇一五年六月二六日）

この発言がどのような文脈で、どのような趣旨でおこなわれたのかについては、さしあたってここでは問わない。「商売になると」という言葉を「カネ目当て」という意味に受け取ってよいのかどうかも、ここでは議論しない。

ただ、この発言が、全体として次のことを意味していることは明らかだと思われる。

——普天間の周囲に住む人びとは、自らの意志でそうしている。その人びとは、基地の騒音などの被害をわかった上で住んでいる。自分から好きで住んでいるのだから、基地に対して異議申し立てをする権利はない。基地被害のすべての責任は、わかった上で好きで住んでいる人びとの側にある。

作家の発言が意味するところをまとめると、このようなことになるだろう。こう考えれば、彼の発言が、在日コリアンや被差別部落の人びと、あるいは外国人研修生などにしばしば向けられる、「嫌なら出ていけばいい」という論理とまったく同型であることがわかる。重要なことは、彼の発言が、あらゆる基地問題の責任を、日本とアメリカの政府ではなく（あるいは日本人やアメリカ人ではなく）沖縄の人びとに帰属させるものである、ということだ。

そして、その根拠となっているのが、「好きで住んでいる」という事実である。この作家による下らない暴言それ自体は、ここでじっくりと取り上げるに値しないものである。しかし、同じような考えは、彼だけではなく、多くの人びとによって共有されている。普天間の問題だけではなく、例えば、自ら進んで公園に住むホームレスや、自ら納得して働くセックスワーカーなどに対する、「自己責任」という名の論理のもとでの、差別的なまなざしが存在するのである。

この発言に対して、『沖縄タイムス』が反論する記事を掲載している。それによれば、宜野湾市（村）の普天間周辺には、戦前からすでに集落があり、九〇〇〇人の人びとが暮らしていたという（『沖縄タイムス』二〇一五年六月二七日）。

タイムスの記事の意味は、もともとそこには人が住んでいた、従って、そのあとも住み続けるのが当然だ、というものだ。しかし、すぐわかることだが、この反論は有効な反論にはなっていない。なぜなら、現在の宜野湾市には、九〇〇〇人どころか、ほぼ一〇万人もの人びとが暮らしているからである。この人びとはまさに、戦後になって普天間基地が「できてから」そこに住んだことになる。強制的にここに住まわされた人はほとんどいないだろうから、この一〇万人の「普通の人びと」は、自らの意志でここに住んでいる（あるいはここで生まれ育ってからもずっと住み続けている）ということになる。

『沖縄タイムス』の反論記事は、「多くの地域は元の集落に戻れず、米軍に割り当てられた飛行場周辺の土地で、集落の再編を余儀なくされた」という表現になっている。このことは、暴言に反論するタイムスもまた、自由で意図的な行為には責任が伴い、もし責任が解除される場合があるとすれば、それは外部から強制され仕方なくおこなった行為であるはずだ、という考え方を共有していることを表しているのである。

それでは、この宜野湾の一〇万人の人びとは、基地が存在することの責任を負わなければならないのだろうか。そもそも、この人びとは、どのような経緯で、どのような選択でここに住んでいるのだろうか。私が知りたいのは、自らの意志で選択して普天間に住む人びとの、その選択の経緯や、実際の暮らしぶりについてである。そうした人びとの毎日の暮らしや人生の選択について知りたいのである。

先日、普天間基地の真横に住む、ひとりの女性の生活史を聞き取った。本稿では、この語りからひとつの「沖縄の現実」について考えたい。Wさんの生活史から、宜野湾の人びとがどのようにしてそこに住んでいるのか、そしてそこにどれほどの「責任」が存在するのかについて考える。

2　Wさんの生活史

Wさんは四二歳の女性、コザ（沖縄市）生まれ。職業は教員。夫は四六歳で、同じく教員をしている。二歳の娘と、二匹の猫がいる。聞き取りは二〇一五年八月九日。

2－1　いまの状況

――いまのお住まいはどのへんですか

宜野湾市のA地区というところなんですけど。ちょうど何ていうのかな、普天間飛行場の滑走路の近くですね。ちょうど飛行機が入ってくるところあたりです。

――けっこう爆音が。

はい、あります。すごいある。ずっとひっきりなしという感じではなくて、ジェット機の訓練の日とオスプレイもそこに混ざる日と、風向きでだいぶ違うんだなって、住むようになってわかったんですけど。その日によってだいぶ、騒音のひどい時刻は違ってる。ただかなり、かなり、何だろ。もう天気がいいと、ともかく（騒音がひどくて）ダメですね。ジェット機も飛ぶし、オスプレイも飛ぶし。朝早く飛んで、深夜に還ってくる、（夜の）一〇時こえてから戻ってくる飛行機がかなりあるので。

ほんとに私、コザ（沖縄市）に住んでたので、爆音はかなりわかってるつもりだったんだけれども。時間が違うのと、音が違う。

――宜野湾のなかでも特にうるさい地域なんですか？

うん、そうだね。あの、大謝名っていうところが、自治会とか公民館の方が出てきて、テレビとかにも、「どれくらいの騒音か」っていうんだけど、そことほとんど同じ騒音。だから宜野湾でも、とてもうるさいエリア。

――沖縄のひとにもあんまり知られてない？

うん、A地区はものすごくうるさいっていうのは、宜野湾のひとだと知ってるって感じなのかな。もともとの宜野湾のひと。うちの親とかもやっぱりびっくりしてるし。ちょっとなんかあれだよね、平日にお客さんを招くのは躊躇するぐらい。まあ、見てもらうのはいいことかなとも思うんだけど、でも、こんな音でこんな振動なのねっていうのを……。
でもちょっと私がなんかお友だちがこのへんに住んでこういう状況だってわかったら、なんで？　って（笑）、なんでって住み続けるのって、思うと思います（笑）。

――どんな音ですか？

……どんなんだろ。えとね、建物が音で震えるって言ったらいちばんわかるかな。

一時期ね、私、夫と仲が悪くなりました（笑）。あんまりイライラして、ふたりとも。音でね、なんかイライラして。あと、ちょっとほんとに、ドキドキするぐらいの振動なので。だから、そういうのが立て続けだから、だいたいね、夕食が、暮らしはじめたときには八時、九時、一〇時みたいな感じにごはんたべることが多かったから。ちょうどふたりでいる時間で。なんかイライラするねっていう。

ジェットが飛ぶ時間もだいたいわかってきて。この時間とこの時間は辛いよねっていうことがわかってきたんだけど、オスプレイがそこに混じるようになったので……。ウチが揺れるんですよね。

で、なんかこれで仲悪くなるのヤダねえっていう話になって、オスプレイが一機飛ぶたびになんか変なダンスを踊るっていうルールを決めて（笑）。なんか、それで仲直りするみたいな（笑）。そういうことをやったりした、時期もあった。

――子どもは大丈夫？

子どもねえ……。うーん、だいじょうぶじゃないかも。

子どもよりも実は猫がだいじょうぶじゃなかった。いまは、トイレの位置をともかく変えて、いちばん振動とかが弱いところにトイレを再設置したんだけど。引っ越してすぐ、これほんとに辛かったんだけど、引っ越してすぐの頃に膀胱炎に猫がなってしまって。（爆音が）怖くてそこでおしっこできなかったんだよね。で、それで、おしっこしてないよねって、いつも確認してたから、ちょっとこれまずいかもしれないって病院行ったら、膀胱炎になってて。白血球の値がすごい下がってるので、強い恐怖を感じてる状態だった。

トイレの場所を変えて、あと、お外にたまに散歩に行ってたんだけど、それは完全にやめさせて。私たちの寝室は、ともかく、いちばん音が少ないんだよね。だからそこに、猫のトイレとごはんを食べるところメインにして。それでだいぶ良くなった。

子どもはね、結局ね、ほぼ生まれたときからいるじゃない？　だから、それもあると思うんだけど。猫のほうが、静かな暮らしのほうから連れてこられたんだよね。子どもはこういう、うるさい状態のなかでしか育ってきてないから。（でも）子どももジェットよりもオスプレイが苦手。抱っこされにくるのは、オスプレイのときが多い。

――オスプレイって、音もちょっと違いますよね

あー、違う、違う。吐きそうになりますよね。ドロドロって。あのね、ほんとになんだろう。お腹がひっくり返るみたいな音。

――補助金とか補償金とかはないんですすか

あ、住宅の補助で、防音のはあるらしいんだけど、うちはやらなかったですね。そういえば川のむこうに、元知事の大田昌秀さんの家があって、ずっと、うるさいけれども補助金も

らわないってやってたところなんですけど。なんとなく、なんていうのかな、ちょっとどっかで、もらわないほうがいいなって思って。（「対策してますか？　二重ガラスとか」）寝室だけはしていて、他はまったく何もしてないです。

2―2　移り住んだ経緯

――いま住んで何年ぐらい？

四年半ぐらいになるかな。五年はならないかな。一戸建て。作りました（笑）。建てた。

――持ち家ですね、土地も。そもそもそこにしようとしたのは？

そうなんですよね。それなんだけど。首里にずっと住んでたんだよね。で、首里に住んでて、すごく静かだし、街を気に入ってたんだけど。私の実家がコザにあって、彼の実家が首里の隣、ほぼ首里なんだけど、そこにあって。

私は実家のほうにけっこう顔を出すので（実家では母が一人で暮らしている）。母に何かあったときのことを考えると、高速沿いで、実家まで四〇分ぐらいで帰れるっていうふうに考えたら、宜野湾か浦添の、高速（道路の出入り口を）出たエリア。

――車で暮らすには便利なところなんですね

すごく便利。高速、ここから三分で乗れるし。新都心とかにも遠くないし。いろんな意味で、便利なところなんだよね。まずはその、便利さというのと。それと、それぞれの実家の中間をとろうって。このあとのことを考えたら。

で、宜野湾か浦添で探していて。うちの前の道は路地になってて、住民以外は入れないんですよ。行き止まりになってて。だから猫が散歩ができるっていうのが、けっこう決め手で。下に大きな川があって、湧き水があるんだよね。蛍がすごい出るんです、ここ。だから、便利さと、猫の安全っていうのがあって。そっちの生活のことをまずは考えて、うちになった感じかな。

――最初から家を建てるつもりで土地を探してた？

そうそう。最初から土地を探してた。不動産屋さんで紹介してもらいました。見に来て、かなり気に入ったって感じだったかな。もうひとつ、気に入って見てるところがあったんだけど、ここは、前の道が車が入ってこないってこと。それが大きかったかな。

——そのときに騒音のことは、覚悟はしてたわけですよね

そうなんですね……。あのね、飛行場の延長線上にあるから、音はうるさいっていうのは知ってたんだよね。でも、（自分が生まれ育った）コザみたいなうるささだと思ってたわけ。コザもうるさいんだけど、それは何ていうのか、テレビが見れなくなったりとか、回線が、ぶれてしまって見れなくなったりとか、家が振動で恐怖を感じるとかではもちろんなくって。ただ、すごくうるさいな、っていう、ちょっと不愉快だなっていううるささだったんだよね。だから何か、わかってるつもりになっちゃったんだよね、音に関しては。彼は首里育ちだからまったく爆音の経験はなくって。そりゃうるさいよねきっとね、っていう話はしてて。

でもね、それより（土地を買うときに）いちばん怖かったたっていうか心配したのは、斜め前が○○○○（激戦地）で、どちらかっていうと、地上が怖かった。なんていうんだろう。すごい激戦地であることは知ってて、たくさんひとが死んだ土地だなあと思ってて。

——激戦地だったっていうのも、土地を探すときに思ったりする？

思う、思う。不動産のひとにもそれは必ず聞くし。だけどね、なんか不動産のひとに言われて、すごく納得したんだけど、沖縄で中南部で土地探すときに、ひとが大量に死んでない土地なんて、ほぼ無いって言われて（笑）。そうだよね、そうだよね。それ探すほうが難しいよって言われて。そうかそうかって思って。ただ、その土地の怖い感じは、最初の頃は強くて。

――なんか感じるものがあったの

うーんとね、うーん、なんかね、怖かった（笑）。なんか怖かった。〇〇〇〇（激戦地）にいるし。だから、なんかなんとなく、なんかやっぱり怖いなあと。そういう感じで、「（土地に）呼ばれたひとたち」が回りにいるみたいな言い方するんだけど沖縄で。そういうふうな土地柄だなってのがあったから。

近所のおばあちゃんが、よく散歩してるおばあちゃんがいて、喋ってたら、この下の湧き水があるじゃない、ああありますね、蛍飛びますねっていう話をしてて。

戦争中はそこ大きな洞窟があって、住民のひとたちはみんな隠れてたって。その湧き水があるから、水がとりあえず確保できて生きながらえたんだよっていうお話とかを。

八〇歳近いんですけど。よく（私の家の玄関の）お花を見たりとか、ちぎっていったりとか勝手にするおばあちゃんなんだけど（笑）。きれいに咲いてるでしょって言いながら、笑いながら喋ってるんだけど（笑）。

そのおばあちゃんが、こっちの下はねって。そういう話をしてて。

――それは、それは買わない理由にはならなかったわけね

うーん…………。（買ったことの大きな理由のひとつは）蛍かなあ。ちょうど、五月ぐらいに土地を見に来ていて、夜も見にいこうって言って、ふたりで見にきたりしてたんだけど、そのとき蛍の群生がいて、ほんとにここで飛ぶんだねって、（土地を気に入って）ぽーってなっちゃった。

住み始めてというか、建ててるときに、建築士さんに、木造で、すごくシンプルなおうちでみたいな感じのことを言ってて、それで建築士さんもその方向で、みたいな話をしているときに、いや、無理だと思うって言われて。ちょっとそういう土地じゃないって言われて。爆音のレベルが。ちょっとこの方向だと無理っていう話に。けっきょく石で、コンクリートで造ったんですけども。とにかく木造なんてもう、まず暮らせないよっていう話になって。

――鉄筋コンクリートで建てても、それぐらい音は聞こえているんですね、いまでも。最初

に住んでから、音には気づいた？

建ててるときにもう、気づいて。で、あとそのときに、オスプレイが普天間に配備されるんじゃないかっていう話がずっとされてて。なんていうのかな。そこまでひどいことがあるんだろうか、って思った。

こんなに普天間、いまでもひどいのに、こんな爆音のなかでみんな暮らしてるのに、ここにオスプレイみたいなものをほんとに配備するなんて、なんかひととして（そんなことが）あるのかなっていう感じがどこかにあって。

（日本に対して持っていた感情は）不信だけではなかったんだよね（家を建てて住むまでは）。どっかでちゃんと大丈夫になっていくだろうみたいな感覚を持ってたんだけど。あ、（日本政府が動いてるのは）そういう論理じゃないだな、って。痛感させられた。

——土地の前の持ち主とか、仲介の不動産屋とかは、ここそうとう騒音うるさいですよって言わなかった？

契約のときにしか、土地を持ってた方に会わなかったので。不動産の方は一切言わなかったです（笑）。

2－3　地域社会の複雑さ

――まわりの人もみんな我慢してるんですか？

そうなんです。あのね、ご近所さんと音の話は、最初気軽にしてたんだけど、どんどんできなくなってきてるんだけど。

いちばん仲良しの隣の方は、軍で働いているんだよね。そう。で、だから、子どもたちととっても仲良しなんだけど、下の子は、うるさいねって言ったら「超うるさい！」って言うわけ、ふつうに。でも上のにいちゃんは、お父さんのことよくわかってるからと思うんだけど、ちっともうるさくないよって言うんだよね（笑）。

――へえええええええ

そう。だからね、なんか、話しちゃいけないのかあって思って。だからね、下の子とは、やだね、とかって言ってるんだけど。

——そのひとは仕事があるから基地の近くに住んでるんですよね。まわりのひとはどういう経緯で

あ、隣の方は移住者で。内地の、うん、移住された方で。だから、やっぱり普天間がこうなってるのはわかんなかったって言ってた。あっちも、蛍すごいよねっていう話して（笑）。こんなとこあるんだってわかって。そうそううちもそう思ったみたいな、（この土地の良い点の）話（だけを）してるんだけど。

ななめ向かいの方は、おばあちゃんなんだけど、嘉手納から、ほんとに、（嘉手納基地の騒音がひどくて）どこでもいいから嘉手納から出たいって言って、ここの中古が出てたから、ここなら移れるっていって移ったら……「うるさいよねえ…」って。ほんとになんか、嘉手納でやられて、いまでもオスプレイ飛んだときとかはもうほんとに、「はあ……」って言いながら。

もういっこ、あのね、地域のひととどんどん話せなくなった理由なんだけど。知事選のあたりすごいポスターが貼られてたわけ。知事選の前か。まだ残ってるんだけど。どこの主催ともなんとも書いてなくって、宜野湾市民会館に何月何日あつまろう、参加は良いことですって、書かれてて、それがバーって近所に貼られて、で、それでね、さっき話した、お花を

たまに盗みに来るけどいい話をするおばあちゃんがいるじゃない。そのおばあちゃんの隣のおうちは、すごい畑の作業を一生懸命するおばあちゃんがいて、私はそのおばあちゃんが大好きなんだけど、そのひとはね、なんかね、普天間から基地は出ていけっていうのぼりを、大量に立てたわけ自分の畑の前に。で、辺野古推進って揚げたの。その、働き者のおばあちゃんは。

——辺野古推進？

そうそう。辺野古の基地を推進するって、言葉ちょっと忘れたんだけど。

——じゃあ、普天間から出て行って、辺野古に行けっていう意味で。

そうそうそう。のぼりは、知事選前に掲げて、て、（当時の知事の）仲井真さんが（選挙に）落ちた翌朝、すべて撤去されてました。

その、お花を盗むおばあちゃんと、働き者の（のぼりを立てた）おばあちゃん、おうちも隣なわけ（笑）。なんかほんとに、ほんっとになんかね、辛かった。なんかもう、毎日毎日ね、朝それ見て。近所の子もそういうふうにして、言えないのを見て。どんどん話せなくなるなあって思いながら。なんか今ね、すごくなんか辛い感じがある。

2—4　これから

——大変ですねえ……。慣れると思いますか？　これから

うーん。難しいよね。生活だから慣れるとも思うし。だいたい、飛びどころとか、空をみて天気をみて風向きみたいなのを感じて、今日は飛ぶ日だなとかって、どっかでちゃんと覚悟して、一日をはじめたりするんだけど。だけど、そういうふうにして最初の一年はすごいこう、腹づもりを作らないと、なんていうのかな。身がもたないっていう感じがあったんだけど、いまそこまで腹づもりみたいなものをしないでも、生きてられるんだよね。生活はできてしまうので。すごい最初はね、喧嘩とかして、へんてこダンスみたいなものを踊らないと（笑）、なんか楽しく、楽しくっていうか、なんかちょっと、笑えなかったのに、いまは、（それまでは）他のことができなくなるくらい（軍用機が）飛ぶっていうこともあるんだけど、（いまでは）それをやらないでも暮らせるから。それを慣れというなら慣れなんだけど。でも、怒ってはいる。怒ってる。普通に暮らしたいだけなのになんで？　って。うん。

――自己責任で片付けるひとおるでしょ。あれどう思いますか？

うーん……。そうだよね…。なんかね、うーん。まあ、最初は悲しくなってたって感じかな。

選択の可能性はもちろんあるわけだから、そういった意味では、なんでそこを選んだのかっていうことは、言えてしまうとは思うんだけど…。いろいろな条件のなかで、私たちだったらひとり暮らしの母もいて、介護も間近になりそうだとかっていう状況があって、仕事も続けていかないといけなくて、そしたら、高速エリアっていうのはやっぱり最重要ポイントだったんですね。

だからそういうこととか、猫のこととかを考えたら、みたいな感じの、そういう選択のしかたのなかで選んだんだけど。そういうことで住みたい場所、住みたいと思って（ここに住んだのに）、生活がほんとに辛いというか、理不尽だなあと思いながら生きるのは……。なんていうのかな、お空の管理まで私はしようがなかった、っていう感じかな。

――そんなにそこまで考えずに、普通は家を買いますからね。

ていうかもっとさ、地続きのことで考えるじゃない、土地のことって。なんか、地べたのことで考えるというか。だから、歩いていて気持ちがいいかとかさ、高速までどれくらいとかさ、お店行きたいと思ったときにどれくらいかみたいな、そういうことで考えていて、上空をみたらものすごい飛んでるっていうのが。そして（オスプレイが新たに配備されて、さらに）どんどん飛ぶようになってしまうっていうのがあって。

で、それは暮らしてみるまではちょっとわからない。沖縄ってね、どこでもほんとに飛行機（軍用機）は飛んでるから、暮らしてみるまではわからないぐらいのものがあって。それは、自己責任だと言われると……やっぱりそれは私たちの責任かなあ、って思ってるんです。

——あの、ある作家が、金目当てだって言ってたでしょ。あれどう思った？

苦笑、爆笑（笑）。なんでしょうね、何でも言うなあ、って思った。なんかあの、暮らさないとわからないことだとか、生活しているひとたちにとっての生活のリズムとか、そういう論理でしか生活は成り立ってないじゃない？　だけど、沖縄のこととか普天間のこととかそういう論理で見ないひとたちって、大量にいるじゃない。

で、そういうひとたちにとってみれば、ここはあれだよね、生活者がいる場所じゃないよね。だから、そういうときに、なんか何でも言えて、言葉だけで暮らしのことを言ってしまえるみたいな感じ。また、これに飛びつくひとが大量に（出てきた）っていうのが、うーん。どうしたらいいのかなあっていう。

――これからどうしますか。まだ考えてない？

うん、暮らし続けるつもり。意地もあるのかな。ちゃんとずっと怒ってようとは思ってる。生活するために買った土地で、生活するために建てたお家だから。生活にとってはすごくメリットがあると思って、なけなしのお金をはたいて作った場所だから、移動がそもそもできないよね。だからここで住み続ける。

結論――爆音のもとでの選択と責任

以上、Wさんの生活史を、おもに普天間へ移り住んだ経緯や、そこでの暮らしを中心に語ってもらった。Wさんの生活史を考えるまえに、普天間をかかえる宜野湾がどのような街なのか、簡単にまとめよう。

普天間基地が存在する沖縄県宜野湾市は、人口が密集する沖縄本島中南部の、ちょうど真ん中

表　沖縄県と主要４市の人口動態

	沖縄県	那覇市	浦添市	宜野湾市	沖縄市	4市合計	県人口に占める割合
1920年	571,572	100,112	11,707	12,704	25,742	150,265	26.3%
1925年	557,622	98,305	11,374	12,569	24,451	146,699	26.3%
1930年	577,509	105,331	11,264	12,857	25,050	154,502	26.8%
1935年	592,494	111,329	11,369	13,346	25,134	161,178	27.2%
1940年	574,579	109,909	11,084	12,825	23,861	157,679	27.4%
1950年	698,827	108,662	11,910	15,930	34,551	171,053	24.5%
1955年	801,065	171,682	18,832	24,328	53,273	268,115	33.5%
1960年	883,122	223,047	24,512	29,501	66,658	343,718	38.9%
1965年	934,176	257,177	30,821	34,573	77,708	400,279	42.8%
1970年	945,111	276,394	41,768	39,390	82,781	440,333	46.6%
1975年	1,042,572	295,006	59,289	53,835	91,347	499,477	47.9%
1980年	1,106,559	295,778	70,282	62,549	94,851	523,460	47.3%
1985年	1,179,097	303,674	81,611	69,206	101,210	555,701	47.1%
1990年	1,222,398	304,836	89,994	75,905	105,845	576,580	47.2%
1995年	1,273,440	301,890	96,002	82,862	115,336	596,090	46.8%
2000年	1,318,220	301,032	102,734	86,744	119,686	610,196	46.3%
2005年	1,361,594	312,393	106,049	89,769	126,400	634,611	46.6%
2010年	1,392,818	315,954	110,351	91,928	130,249	648,482	46.6%

（沖縄県と那覇市・浦添市・宜野湾市・沖縄市の人口動態（沖縄県のウェブサイトより）

にある。南には県庁所在地である那覇市、北には第二の都市である沖縄市がある。この二つの都市に挟まれ、沖縄本島の「背骨」である国道五八号線を抱える宜野湾市は、その交通の便利さから、戦後に人口を激増させている。

戦前は、沖縄県がおよそ六〇万人弱、那覇市が一〇万人、宜野湾市は一万三〇〇〇人程度で安定して推移していたのが、戦後になって急に人口が増加した。那覇市は一九五〇年から六〇年までのわずか一〇年で、人口が二倍になっている。復帰前後から那覇の人口は三〇万で安定したが、かわってその頃からスプロール化がはじまり、浦添市、宜野湾市、沖縄市で人口が激増している。この四都市の人口を合計すると、沖縄県全体の半数を占めている。

まずここでは、宜野湾市の位置と交通によって、戦後に人口が激増した、ということを押さえておこう。戦後、沖縄県内で起きた大規模な経済成長と人口増加、そして都市化と人口移動により、普天間の周辺にたくさんの人びとが暮らす街が形成されたのである。なお、戦後の沖縄の経済成長と人口動態については、拙著『同化と他者化——戦後沖縄の本土就職者たち』(ナカニシヤ出版、二〇一三)を参照していただきたい。

四年半ほどまえにこの街に引っ越してきたWさんは、基地の街であるコザ(沖縄市)で生まれ育った。コザは嘉手納基地に近く、戦闘機の爆音をそうとう聞かされて暮らしていた。内地の大学院で学んだあと、沖縄県に帰り、本島中部で教員をしている。同じ教員の夫は那覇市の首里の出身で、結婚してからしばらくは、高台にある閑静な住宅地である首里に住んでいた。

しばらく首里で暮らしたあと、コザで一人暮らしをする母親のためにも、コザと那覇の中間の、浦添や宜野湾で家を探した。普天間基地の真横にあるいまの土地を選んだ理由としてあげられているのが、交通の便である。当地はコザと那覇のちょうど中間にあり、また高速の出入り口もほど近く、車で暮らすにはとても住みやすいところなのだ。

そのほかにも、湧き水や蛍、あるいは猫のための道路条件など、私たち本土の人間が家を選ぶのとまったく変わらない理由で現在の土地が選ばれている。

普天間の爆音がどういうものであるかを知ったのは、家を建てている最中だった。コザでの爆音には慣れていて、普天間の爆音のことももちろんわかっていて、覚悟はしていたのだが、それは事前に思っていたのとはまったく異なるレベルの音と振動だった。

飼い猫が体調不良になり、また小さな子どもがオスプレイに怯えている様子が語られている。あまりのストレスに夫婦仲も悪くなりかけたのだが、それをさまざまな工夫で切り抜けている。

例えば、語りのなかでは「オスプレイが飛来して爆音が鳴っている間、『変てコダンス』を踊る」という、ユーモラスな物語も語られたが、そのストレスが相当なものであることを想像させる。もちろんそれでなんとかなるレベルの爆音ではないが、「それぐらいしないとやってられない」のである。

特に、そのことで夫婦仲が悪くなりかけた、という事実は、とても切ない。爆音は、まさに個人の生活のなかにまで入り込んでくるのである。

また、爆音と振動が、地域社会に亀裂をもたらしていることも語られた。近所に暮らす人びとのうち、ひとつの家族は父親が基地労働をしていて、そのせいか、子どもがオスプレイの騒音について話さなくなっている。

もうひとりのおばあさんは、畑に「普天間基地反対」というのぼりと同時に、「基地を辺野古に移せ」というのぼりも掲げていた。このようにして、基地の存在が、沖縄の人びとを分裂させ、対話を難しくしているのである。

もちろん、ひとりの生活史から宜野湾市の人びと全体を語ることは難しい。しかし、Wさんが住むことになった経緯と、そしてここで経験したことは、沖縄のひとつの現実そのものであるといえる。

すでにみたように、戦後になって、つまり普天間基地が「できてから」、膨大な数の人びとが宜野湾市に移り住んでいる。その最大の理由は、その地理的条件にある。コザと那覇に挟まれたこの地域は、経済的に困難な状況にあるコザや、すでに人口が飽和状態の那覇に比べ、住むことが容易なのである。

実際に浦添と宜野湾は、那覇の人口が三〇万人という上限に達してから、急速にその人口を増加させた。この膨大な人びとは、それぞれ一人ひとりが、自らの生活のなかで、さまざまな条件を考慮したうえで、自らの意志でここに住んでいる。

ここで暮らしている一〇万人の人びとは、それぞれがみな、いろいろな条件と制約のもとで自分自身の生活を抱える、「普通の人びと」である。そうした人びとが、さまざまな経緯で、ここにやってきて住んでいる。

それぞれの選択は、たしかにそれぞれの意志によってなされているのだが、たとえばWさんの語りを聞くとき、その選択は、複雑で多様な条件と制約のもとでなされることがわかる。つまり、普天間基地の隣に住んでいるのは、私たちとまったく同じように毎日の暮らしを送る「普通の人びと」なのである。

コザで爆音に慣れていたWさんでさえ予想もしなかったような普天間の爆音だが、一方で、寝室の窓を二重にしたり、「へんてこダンス」のような儀式を発明することで、なんとか折り合いをつけようという努力がなされる。

そして実際に、それは確かに、全財産を捨てて今すぐ逃げ出させるほどのものではないのかもしれない。夏には蛍が飛び、休日は静かに過ごせるのだ。交通の便もよく、住んでいて楽しいことも多いにちがいない。

しかしだからといって、オスプレイが飛来するたびに「吐きそうになる」気持ちがそれでなくなるわけでもない。私たちには、一〇〇％の生活はない。爆音を含むあらゆるものと折り合いをつけ、それでも生きていくのが、私たちの生活だ。こうした個人の生活が、基地被害の責任まで負わされるとすれば、私たちはもうどこでも生きていくことができない。

私たちの生活は、完全な自由と完全な強制の間にある。その複雑さや微妙さは、威勢のよいキャッチフレーズや、大所高所からの「地政学」的なまなざしからは、理解することができないだろう。

「嫌なら出ていけばいい」という言葉が排除するのは、Wさんの生活史の語りのような、ほんとうにそこで生きている個人の日々の暮らしである。たしかに宜野湾に住む人びとは、自らの自由な意図でそうしている。しかし、その行為は、さまざまな制約や条件や人間関係のなかで折り合いがつけられ、妥協されて選ばれたものである。

個人が自分の生存の条件のもとで、少しでも良きものにしようと精一杯選んだ人生に、私たちは果たして、あの巨大な普天間基地の「責任」を負わせることができるだろうか。私たちは、個人の実際の生活史から考えることで、行為、意図、選択、責任などの概念について考え直すことをせまられる。たとえ自分の意志で普天間に住んだとしても、私たちは耐え難い騒音被害に対して異議申し立てをすることができる。まして、その責任を当事者個人に負わせることはできないのである。

タバコとココア――「人間に関する理論」のために

生活史は、社会学における「質的調査」のひとつで、個人の生い立ちや人生の語りを聞いて社会について考えること、あるいはそこで聞かれた語りそのものを指す。個人の語りからどのように社会に言及するかについては、さまざまな議論があり、論争がある。個人の語りを聞く生活史の調査自体が、きわめて個人的なスタイルでおこなわれる。社会学に限らず、歴史学や人類学でオーラルヒストリーやライフヒストリーを集める聞き取り調査にも、正しい方法というものは存在しない。それは調査者個人の、あくまでも個人的な経験や実体験からどうにかこうにかつくられるつぎはぎだらけの方法に基づき、いきあたりばったりの現場で集められた不十分で断片的な語りを寄せ集め、なんらかの知識や理論を構築しようとする。

おおまかにいって、私たちはまず、ある事件や出来事、あるいはある地域や集団の「当事者」と呼ばれる人びとに会って、「そのこと」について聞き取りをする。たとえば、ある被差別部落に住む人びとにお会いしてその生い立ちや暮らしぶりを聞いたあと、私たちは「その部落のこと」について書く。戦前から戦後にかけて非常に貧しいスラムだったということ、身売りやヤクザになるものも多かったこと、家賃を月ごとに払うことができず、日割り家賃も多かったこと、徴兵された部隊のなかですら差別されたこと……。あるいは、阪神大震災の被災者だったひとに会う。震災当日、どのようにあの出来事を体験し、どう感じたか。震災直後の街の様子。支援や復旧のプロセス。あれから二〇年以上が経ち、あの出来事はその後の人生にどのような影響を与えたか。

生活史の聞き取りでは、このように、特定の対象についての具体的な知識や経験について聞く。そこで得られるものは、歴史的・社会的な「事実」である。たとえば私たちは、すでに大きく変貌した被差別部落のかつての姿を、権威ある文書資料や、信頼できる数値データをもってしてもなお、「そのまま」知ることはできない。私たちができるのはただ、かつてそこに住んでいて、そこで暮らした何人かの個人にお会いして、その語りを聞き取ることしかない。しかし私たちは、そうした断片的な語りからでも、ある時代のある地域や集団の姿を、生き生きと描くことができる。

しかし生活史調査は、このような「歴史と構造」に直接関わる特定の知識を得ることだけが目的ではない。もうひとつ、生活史にはそれと同じくらい重要な目的がある。それは、語り手本人の生い立ち、暮らしぶり、来歴、行為、経験を聞くことである。それは、ある時代のある地域や出来事を描く調査に比べて、より個人的で、ひそやかな、控えめな調査だ。これが私たちの生活史調査の、もうひとつの目的なのだ。

個人的な人生を聞く生活史調査でも、私たちは最初は、ある特定の集団やカテゴリーを対象とすることがほとんどだ。沖縄戦体験者、都市型被差別部落に暮らす人びと、あるいは在日コリアンの女性。しかしそこで聞かれることは、どこまでも個人的な生活の記憶だ。その多様で流動的な語りはいつも、私たちの集団やカテゴリーに関する思い込みを解体する。

しかし同時に、その語りはただ単なるバラバラの個人の人生だけに関わるのではない。そうした多様で流動的な人生の語りから、私たちは、沖縄戦を経験した人びとがどのように生きたか、貧困層の女性として生まれることがどのようなことなのかについて語ることができる。私たちは、ある状況におかれた個人が、よりよき生を生きようと必死でもがいてきたことの記憶と語りから、「人間に関する理論」を積み重ねていくことができる。「もうひとつの生活史」がめざすのは、この人間に関する理論である。

本稿で私は、歴史と構造に関する知識ではなく、より個人的でより断片的な生活史のほうを取り上げる。そして、そこからどのような人間に関する理論をつくっていくことができるのか、その理論にはどんな意味があるのかを、簡単に述べたいと思う。もちろんこの限られたスペースでそのすべてを書くことはできない。ここでできるのは、あくまでもその可能性を、わずかな語りの例から考えてみることだけである。

次の語りは、一九三五年生まれのの女性のものである。沖縄のある離島で生まれ育ったが、一〇歳のときに沖縄戦を体験、集団自決を生き残る。軍から手渡された手榴弾がたまたまふたつとも不発だったために、九死に一生を得た。集団自決の現場から逃げ延びたあと、数家族で森のなかで生活していた。以下は、山中に自生する草や木の実などを食べながら五ヵ月ほどを過ごしたあと、終戦の二日前に山を下りるところからの語りである。

その語りのなかで「タバコのエピソード」が語られている。それはとても短い、ほんの数行にしかならない物語だが、それが描く情景は強烈な喚起力をもっている。

夜、夜中になんか、こそこそ話しが聞こえるなと思って、起きてみたら、村の若いひとたちが集まってきて、うちの家で。なんか相談してるんですよね。話し合ってるんですよ、何日間か。二、三日。そしたら、近いうちにまた何かあるのかなと思って、そうしていたら、白旗あげて下りようという、相談だったみたいなんですよ。

それで、日本兵はどこどこにいるから、そこを通らないように、もうルートをちゃんと決めるわけですよ、自分たちで。ここからこうしていって、こう下りようねといって。

――敗残兵から見られたら、下手したら殺されるわけですよね、日本兵から殺されるんですよ。戦《いくさ》も、まだ戦ってるのに、何をするのかっていって。スパイだと言われて。

――六月に沖縄戦は終わってますよね

そのあとですよ。だからときどきね、あの、トンボという飛行機が飛んできてですね、戦争が終わりました、（山を）下りてください、静かに下りてきてください、みんなここにいますっていうようなね。トンボからビラを配られたりしたんですよ。戦争は終わりましたって書いて。

それをみんな山に行って拾ってきたりしてたんです。

――じゃあ、終わってるっていう情報は広がってるわけですね

はい、わかってはいるんですけどね。むこうから、山の上から村を見たら、村のひとたちとか、米兵とかが歩いてるのよく見えたそうですよ。高いですからね、山。みんなよく山の上に上がっていったんですよ。

そして、八月一三日に、このひとたちが決めたとおりに、夜寝てるときに叩き起こされて、親に。いまから下りるから、静かに、泣いたらいけないよ、静かに下りるから、声が聞こえたら日本兵に捕まるから、すぐ殺されるよって言われてですよ。

そして、ゆっくり、がさがさしないように、みんなで。各家庭から出てきて。みんなでこう、道を。いちばん先頭のひと、ちゃんと道をあれしてますからね。そこを頼りに下りてきたんですよ、後ろについて。そしたら、私覚えてないんですけど、私がとっても泣きよったんですって。

六月の二六日に、姉が赤ちゃんを産んだんですよ。山のなかで。そして、食べるものもないし、親をなくした子どもたちなんかもおっぱいもらいに来るんだけど、ひとり分なんかない。おじやですからね、一日一食の。ひとり分も出ないけど、これはどうなるのかなと思って。うちの甥っ子なんですけどね。これの心配でもあるんですけど、母親をなくして、子どもたち、訪ねてくる子どもたち、そのまま帰すわけにはいかないんですよね。少しずつ飲まして帰しよったんです。そしたら、うちのががーがー泣くわけですよ。

そしたら、そのとき、二ヵ月、六月二六日で八月の一三日に下りてますから、二ヵ月だったんですね、赤ちゃんが。あと一ヵ月いたらダメだったはずですよ。赤ちゃんも。ちゃんと元気でいまでも、七〇歳になっています（笑）。ふふ。

でも、母親なくした赤ちゃんたち、亡くなりましたよ。ちょっとずつ喉をうるおす程度のしか、何もないですからね。だからこれも、何ヵ月もここにいたらダメだな、もう骨と皮でしたね、うちのも。だけど、いまでも元気で、七〇歳でいますからね（笑）。栄養不良（だったのに）。

でも、早く下りてきたからよかったんですよ。

――どれくらいいたんですか？　四ヵ月か五ヵ月はいるんですか？

三月の二八日に玉砕（集団自決）しましたでしょ、そして四月一日二日まで意識不明でさまよってますよね、どこ通ったか、何日になったか、それもわからないですよ私は。ですけど、そのあとに、八月の一三日ですからね。四月のはじめ、四月としても、四、五、六、七、八ですよね。五ヵ月はいますよ、山のなかで。

——夜ですか、山を下りて

山下りるのはもう、その夜ですけどね。だからこの赤ちゃんを、姉が強く抱っこしてるのが見えなかったんでしょうね。私が泣いたのは、赤ちゃん置いてきてるって。それで泣いてたんですって。幸男（仮名）を置いてきてるよーして。幸男だけ置いてきてるーって、泣きよったそうですよ。私ぜんぜん覚えてないですよ。あんたが泣いてから大変だったんだよ、やがて捕まりよったよ（すぐ捕まるところだったよ）って、姉に言われたんですけどね。泣いてたのぜんぜん覚えてない。

そして、山のなかでちょっとあれしてから（待機してから）下りてきて、村が見えるころにはもう、朝日が昇ってきたんですよ。夜中に出てきたけど。そのときに誰かのふんどしだったかなんかわかりませんけど（笑）、白旗を、竹を切ってそれにくくりつけて。そして前のひとがこれをかついで、そして下りてきました。

ちょうど奥のほうの、村、集落行かれたことあります？　あれに行く道ありますよね。あそこの右っかわのほうに下りてきました。道なき道を。先頭のひとにあれされて。

そしたら、田んぼのほうにですよ、米兵が。一〇メーターおきぐらいですかね、立ってるんですよ。大人には、タバコ。（でもこっちは）取りませんからね、怖いから。毒かなにかわかんない（笑）。自分で火をつけて吸って、だいじょうぶだから、もらいなさいって。それでも、大人は絶対、男のひとたちは（タバコを取ろうとしなかった）。

タバコは、むこうでは山のなかではちゃんと、木を枯らしてですね、タバコ吸うてましたよ（笑）。こんな大きな葉っぱがあるんですよ。それを枯らして、きれいに巻いてですよ。ヒマですからね。手作りなんですよ、なんでも。なんでも手作り。そして、お父さんたちなんかは、吸うてましたよ。木の葉っぱ。

なのに、米兵がはいはいって言って（も）、絶対取らないんです。そして自分たちには、ガムですかね。自分も噛んでるんですよね、ガムをはいはいってするけど、怖いから絶対取らない、イヤってからね、美味しいよって、自分でこう、噛んでみせるんですけどね。誰も取らない。

三時間ほどかかったこの聞き取りで語られた、戦前からつい最近までの、八〇年にわたる人生の物語のなかで、もっとも印象的だった物語のひとつが、このタバコのエピソードだった。それは私の記憶のなかにいつまでも残り、私は何度も何度もこの話を思い出しては、その意味についていろいろと考えた。しかし、今回本稿を書くにあたり、あらためてテキスト起こしを読んでみて驚いたのだが、それはわずか百数十文字の短い物語だった。

この短いエピソードが強い印象を残したのは、それが沖縄の歴史におけるもっとも過酷な状況で語られた「ユーモラスな」話だったからだ。人間というものは、これほどの状況においても、生きる喜びや楽しみを見つけ出すものなのである。

生活史の聞き取りでは、さまざまなことが語られる。いつもおおまかにはテーマを決めて聞き取りをさせてもらうのだが（そうしないとそもそも調査の趣旨を説明できない）、だいたいはテーマからすぐに逸脱し、その場の会話の流れに身をまかせて、いろいろなことが語られる。そして、そうした、調査の本筋とはあまり関係のない、小さな物語のなかに、ときおりとても強い印象を残すものがある。私は、インタビューを終えたあともそうした小さな物語をよく覚えていて、ときおり思い出しては眺めなおす。

私たちがしているのは、きわめて単純化していえば、人生や社会についての小さな物語、ディテールを集めるということである。しかし、これまでの社会学では、あるいは「思想」の世界では、ディテールというものは「歴史や構造」を解体し相対化するものとして使われてきた。社会には差別や暴力が、あるいは多くの分断が実在する。ディテールを集めてその記述を積み重ねることは、私たちの社会に、そうした境界線の実在を「揺らがせる」ことにつながっていた。少なくとも社会学や多くの社会思想の領域では、ディテールというものはそのように扱われてきたのである。

タバコのエピソードが私たちに語りかけるのは、ジャングルのなかでさえ私たちは楽しみを見つけ、実際にそれを楽しむのだ、ということだ。それは完全に主体的な、意志的なおこないであり、人間の創造性やユーモア、生きる力といったものに関係している。

さて、私たちはここできわめて深い疑問に突き当たる。それでは私たちは、このような私たち自身のたくましさを、その過酷な状況とどのようにつなげて考えることができるだろうか。歴史と構造によって私たちが押し込められる、選択不可能な状況というもののなかで発揮される創造性は、そうした歴史と構造とどのような関係にあるのだろうか。

もっとわかりやすくいえばこういうことだ。過酷な歴史と構造のなかで翻弄されながらも主体的・創造的に生き残る人間たちは、被害者であるよりもむしろ自由な行為者である。しかしそう解釈しなおすことで私たちは、その歴史と構造の過酷さに対する批判的観点までも手放してしまうのではないか、ということである。

沖縄戦の過酷さについては、すでに多くのものたちによって語り継がれている。それをここで繰り返す必要はないだろう。しかし、沖縄戦の最中に経験された、ちょっとした楽しいエピソードは、ひょっとしたらその「過酷さ」を減じてしまうのではないか？

だが、この物語を聞いたときに私が感じたのは、まさに過酷な状況のなかで楽しみを見つける人びとが、他ならぬその点において私たちと同じ身体や感情をもっているのだ、という実感だった。これは沖縄戦の過酷さをいささかも減じない。むしろ聞き手である私に突きつけられたのは、そうした身体や感情をもっている私たちと同じ存在があのような運命に直面したのだという、端的な事実である。まさにこの時点において、私たちに「人間に関する新たな理論」が必要となる。確かに沖縄戦の最中でも、人びとはタバコを自作してそれを楽しむ余裕があったのだ。しかしそれによって沖縄戦の過酷さに関するイメージが変わってしまうとすれば、それは私たちの手元にある「人間に関する理論」が、まだ不十分なものだからにすぎない。

もうひとつの語りを紹介しよう。

米軍基地をはるかに見渡す高台のカフェで、その語り手は「（いまから）リアルな感じの話をするね」といって、「ココアのエピソード」を語りはじめた。それは、沖縄における階層格差と共同体に関する聞き取り調査のなかで語られた物語だ。

沖縄の階層格差と共同体の調査プロジェクトについてはすでに本書でも何度か触れているが、簡単にいえばそれは、公務員や教員、大企業の社員になった人びと（安定層）、高卒や専門卒で地元で居酒屋などのサービス業を営む人びと（中間層）、不安定な職業を転々とする日雇い労働者や風俗嬢の人びと（排除層）に対して、聞き取りや参与観察をおこない、これまで一枚岩的に捉えられてきた「沖縄共同体への距離感の差異」を描こうとするプロジェクトである。

上記の語りは、私が担当する「安定層」の聞き取りのなかで、ある教員の女性から語られた。彼女は一九七四年に沖縄のコザ（沖縄市）で生まれた。母は教員をしていたが、父親はいなかった。家には「本の部屋」があるほどの知的な環境だったが、通った地元の中学が荒れ果てた学校だった。彼女の親友は、その学校でも特にグレていた女子で、彼女もいちおうそのグループに入っていたが、高校は自力で進学先を決め、予備校を見つけて通い、そして琉球大学まで進学する。卒業後は東京の大学院に通い、現在は沖縄県内で教員をしている。

中学のころ、同じヤンキーのグループの友だちに、自分の成績がよいことを隠していたという。生まれ育った地域の友だちといつも行動を共にしていたが、結果的には彼女は進学という別の道を歩んだ。地元の閉塞した共同体から離脱することを選んだのだ。

彼女自身は必ずしも貧困家庭の出身ではなかったが、中学生までの記憶には、地域の貧しさがもたらすものが深く刻まれている。

中学。地元の中学。地元。歩いて一五分ぐらいのとこ。（「〇〇中学？（笑）」）〇〇中学。うん、当たり当たり。〇〇中っていうと。ヤンキーがいっぱいいる学校だから。（「当時から？」）○○小はでもね、うーん、まあほどほどかな。

――それは、○○中学校の校区に、そういう地域があるわけですか

うん、あるある。さっき話してた、八重島っていうところは、校区が別なので、あそこはもうちょっとヘビーだと思うんだけど。うーんと、○○は、どれくらいかないま。就学援助が三割ぐらいじゃないかと思うんですけど。

で、だから、○○中学校が、んとね、○○児童園っていう施設もあったし、団地がいくつか大きいのが入ってた。団地、が入ってる校区ですかね。

――荒れてた？

車ひっくり返したり、先生の車を発見してスプレー缶で落書きとか、荒れてる（笑）？それは普通にあった。

――めちゃめちゃ荒れてる

そだね。「けんちゃん軍団」ていうのがありましたね。けんちゃん軍団。けんちゃんっていう男の子がいて。それが軍団をつくってたんですけど。(「番長?」)あ、番長ですね。で、えーと、高速道路ができたときに、自転車で徒党を組んで逆走して走って、△△中学校(隣の中学)かかってこいっていう看板をつくってみんなで走って。

それで、校長先生がすごく怒って、「高速道路は逆走してはいけない」とかって言って(笑)で、みんなで「逆走じゃねーよ!」って(笑)。「問題はそこじゃない」っていう話をして(笑)。ていうのがあったりしたのが楽しかった。そういうのがたまにあって、すごい面白かったかな。

私は一年生のときにもうすっごく頑張ってヤンキーデビューをしました。すっごく頑張って。えと、素質なかったので、靴下かえてスカート切って、制服改造して、爪染めたみたいな。(「ミニスカートの時代ですか」)そだね。それぐらいだったかな。

前に飲んだときにたぶん話したんですけど、グループの子はみんな中一のときに、性体験していったので、続々と。ほぼレイプみたいなものだったので。やっぱりちょっとなんか、そこで分岐点かな。

——入ってるグループはわりと上のほうだった、

強かったと思います。最強の子がいたので、えーと、たかこさん（仮名）っていうんだけど。

——いま何してるんだろ（笑）

ね。うん、ほんとに、いま何してるのかな。

たかこと、仲良くなりたかったたし。喧嘩っぱやかったんです。かっこよかったんで。（「きれいな子だった？」）たかこはそんなに、グループのなかできれいだった子ではないです。でも、えーと、喧嘩までのスピードが早い。で、相手の苦手なことをスッて言えるみたいなのがあって。五年生のとき同じクラスだったので、そのクラスが学級崩壊していて、猫飼っていたんですね（笑）。（「教室で（笑）」）そう（笑）。すごい仲良かったの、ほんとに、いま私はほんとにいま教育の現場にいるけど、猫飼ったらいいよって思う（笑）。

だから、先生が後ろに来そうになったら、みんなで一致団結して、先生ここわからない！って。隠して飼ってたの。っていうようなことをずっとやってたときの首謀者で。で、あのときは私はそんなに仲良くなくて、中一になって。絶対仲良くなりたくなって。好きだった。かっこいいと思ってましたね。かっこいいと思ってた。

かっこいい子いっぱいいました、そのとき。だから、あの、夜遊びばっかりして星座にめちゃくちゃ詳しいミキとか。夜遊びしかしないから（笑）。

あ、でもその、性体験のときにかっこよくないって思った。そうそう。一月ぐらいに、みんないろいろ、性がらみのいろんなことが起きて。この言い方どうかと思うんですけど、そのまま言いますけど、レイプされてウチ来るみたいな。お風呂入らせてほしいみたいな。もうともかく、みたいなことがあったりしたんで。

これかっこいいか？　と思ったんですね。なんか。これ、したいか私。みたいな気持ちがあって。

二年生になるときに、もう抜けるって決めてて。先生にも言われたかな。「たかこの状態、どう考えてる？」って言われました。（「仲良いの先生知ってるから」）うん、うん。だからその、性被害の話なんかはしないけど、ああいうふうになりたいと思ってるわけじゃないっていう話はした。薄情ですね（笑）。

——君はこのなかにいるやつじゃない、っていう感じの

そうですね。はいはい、いましたいました。いましたね。こんなとこにいるやつじゃないと言われたというより、たかこの状況をどう考えているのかっていうことと、どうなりたい

のかって聞かれたかな。どうなりたいのか。うん。って言われたかな。

私下手っぴなんですけどピアノやってて、ピアノ学校に行くっていうのはともかくバレないようにしてこれやってて。


――隠してピアノやってたの？　かっこわるいから、お嬢さんぽいから？


うん（笑）。

中一でたかこの家にたむろして、タバコ吸ったりテレビ見たりシンナー吸ったり、タバコは吸いましたかね。シンナーは、んと、たかこの家にはなかったので、吸ってなくて、二年生だったんですよね、みんな、吸いはじめたのは。私は吸ってないなあ。一回もやってないんですよ、だから。

あと三年生になってたかこが私のクラスになって、これ絶対先生たちの策略だったって思うんですけど。けっこうだから、迎えに行ったりしたのかな。

お母さんが目の前で自殺したの、たかこのお母さんが。（「いつごろ？」）三年生のときに。目の前で飛び降りて、死んだので。

だからなんか、うん。葬式の、なんか門の前まで行って、入れなかった。私なんかこう、一年のときに捨てようと思ったじゃんか、って思った。だから入る資格ないよねって思って帰った記憶がありますね。

――結局、葬式は出ず。顔も合わさず

うん。合わせなかった。

――たかこは来てくれたこと知らないんだ

知らない。

――じゃあ、たかこは来てくれなかったっていまだに思ってるんかな

だからね。そう思ってるよね。

でもそのあとたかこ、ヤクザに買われたので。えと、消えて。

――ヤクザ?

ヤクザさんに買われて。買われて、もう消えたんです、目の前から。完全に消えて、お母さん亡くなったあとで。

カフンジャー橋ってあるんですよ。カフンジャー橋って、んと、尾類（「じゅり」、近世の沖縄の遊女）に売られていく女のひとが詠んだりした有名な橋でもあるんだけど、まだ残ってて。本当の道はある、歩いてたらでも、カフンジャー橋は通れるのね。で、中学生だから私たちは、そこを通ってたんだけど、えと、お母さん亡くなって、学校はずっと来なくなってたんだけど、お母さん亡くなったあとに、カフンジャー橋でたかこがうずくまってて、ヤクザが追っかけてて連れていかれたって話を、クラスの男の子が話してて。

シャブ漬けだったと思います。シャブ漬けにされてたと思う。もう、なんか、そこで二度と会えないんだなと思った。中三のときですね。

——たかこの家は何をしてたの？　お父さんとか

建築業。いま考えるとＤＶがあった。よく怒鳴られたし。

――それからたかことは一度も会ってない？

一度も会ってない。会ってない。

――中一のときは仲良くたこ焼き行ったりとかしてて、中一の終わりぐらいにいきなり、そのグループのなかの女の子が、男の体験をしていく

一月ですね。一二月、一月。

えーとね、(相手は) クルマもってる男。だから、ナンパ・クルマコース。クルマで。避妊なしレイプみたいな。いっぱいいいる。

中の町 (でナンパされる)。ゴーパチ (国道五八号線) まで出るのはけっこう難しかったので。中の町の手前の胡屋十字路が、暴走エリアだったの。だから、あそこで見てたら暴走できて。

――ギャラリーで見てるわけですね

そうそうそうそう。あ、そう、私も一回だけ行って、落書きしてるんですけど。

――落書き（笑）？

なんか、来たぞーみたいな感じで、やったりして。でそんときにだいたい。ナンパされるていうか、クルマ乗せられる。

――そういうところでぶらぶらしてナンパされてついてったりすると危ない目にあうぞみたいな話はされてなかった？　それでも行ってた？

うーん。私はあったけど。ハクがつくって思ってはいたかな。えと、みんながどうだったかっていうのはちょっとそこはわからなくって……ハクがつくとは思ってて。声かけられたりとか。乗ったか乗らなかったかはわからないけど、ハクがつく。とは思ってて。

――それは、ナンパされないよりされたほうがいいわけ？　女としては

ネタになるって思ってたと思いますね、ネタになるなあて思ってたし。えーと、実際にね、連れていかれるかどうかはまったく別問題だけど、気軽にいなしたりとかしてるとかっていうのはそれなりにハクがつく、っていうふうに思ってたので。

――みんなそういう子らは、危ないことしてるっていうのはわかってやってるんですね。やっぱり声かけてもらったらうれしいし、とか

だからね。どうだったんだろうね。どうだったんだろうね。性体験のときの話は、細かく聞いてるんですけど、んーと、どう言ったらいいかな。

たとえば、ちょっとリアルな感じの話するね。なんか、私もよくわからないので、話してみますね。たとえば、なんか、避妊はしたかどうかわからないんだけども、こういうことをされて、こういうことをされて、で、こういうふうに気持ちがよくてこういうふうに痛かったって、まあ、普通にどうだったかって話するじゃない。

それで、いまともかく体がすごいべとべとで気持ち悪くて、お風呂に入らせてって（言われた）。で、わかった、なんか飲みたい？　って聞くと、ココアとか飲みたいって。

なんかこう、私の感覚だと、ものすっごい疲れてるひとがそれ飲みたいものって感じでしょ。だから、わかったって、つくるんだけど、なんてったらいいかな。きついこと？　っていう感じを、私はもっていて。で、そのひともきつそうに見える。で、どこをフォーカスするかでぜんぜんちがう感じなんだけど、私のリアルは、「ココア飲みたい」なんです。

なんか、あーだから、なんかそれがね、もう、疲労？　疲れてるっていう話、っていうふうに思ってたから。きつい、きついだろうそりゃ。
そういう感じに、私は思いましたね。私はいやだと思ったし。クルマのなかでなんか絶対いやだ。

——ココアねえ。ココアね。なるほどね

ねえ。

——ココア飲むたび思い出しそうだな（笑）

私、考えますよだから、寒かったりしたら、いつも。一三、一四の子が、ココア飲みたいって、なんだよって。

——砂糖もたくさん入れてほしいんだろうね

そうそう。そうだから、マシュマロ入れた覚えがある（笑）。ほんとに。ほんとそれ覚えてて。甘くないとダメなんだなって。

——ちゃんと付き合った（子たち）って、いないんですか。中一の一二月にしろ一月にしろ、まあ、ヤるにしろ、彼氏ができて彼氏とヤったって（別にいいけど、それにしても）みんなそんな感じなんですか

ううん、けんちゃん軍団が……あ、そうだ、思い出したけんちゃん軍団の子と付き合ってる子は、えーと、中三ぐらいでね、中三ぐらいで、「クリスマスどうしよう」（笑）。でも私そんときはほんとにいい子ちゃんだったので、クリスマスどうしようって言われても、って（笑）。知らんがなって（笑）。

けんちゃん軍団の子たちはウチによく遊びに来たので、あの、チャリで（笑）。ぜったい家には入れなかったんですけど。（「そうなん？」）はい。ヤラれると思って（笑）。ぜったい入れない、おまえら入れない、みたいな。

——けんちゃんはいま何してんの？

わからん……（笑）。

私ね、だからね、地元捨てたんですよね。だからもう、ほんとに、えとね、中二になって、抜けようと思って中二になりましたよね、なって、中三のとき、中二のときから、地元どうやったら離れられるかみたいな。はい。

——ものすごく意図的に、

うん。はい。

——でも誘われたり家に来たりするでしょ

男の子たち来ましたけど、入れなかったし。(「たかこは?」)あ、だから、もう彼女は中二はもう、見えない存在なんです。学校来なかったし。たぶんこのときから、えーと、さっきシャブ漬けの話しましたけど、どうしてそういうかっていうと、えーと、バスに乗ってヤンキーに絡まれてるときに、決め手は、「たかこ知ってる」なんですよ。それはもうほんとに、それぐらい怖いよっていう代名詞で言われてたので。中部一帯に名前が知れてるひと、になってて。

――弱冠中二、一四かそこらで

うん。でも、いちおうそういう感覚。で中三になって、同じクラスに配置されて。卒業はしたいでしょと先生たちはずっと連れてきたりなんだったりっていうのがあって、髪の毛はもう染めてるし。匂いがちがうのね、お酒の匂いがするっていう感じだったから。

ココアのエピソードを、もうすこしわかりやすく語りなおしてみよう。

当時の中学校で語り手が入っていたのは、もっともスクールカーストが上位の集団だった。近隣の中学にまで名前が知れ渡っていた有名な女子を中心にしたヤンキーのグループである。はじめのうちは、その遊びは、誰かの家に集まってタバコやシンナーを吸うようなたわいないものだったが、中一から中二にかけての冬に、その女子たちがいっせいに性行為を体験することになる。そして、語り手がこのグループから距離を取っていく直接のきっかけになったのがこのことだった。

コザの中の町という繁華街にやってくる暴走族を見る「ギャラリー」として、女子たちは街に出ていったが、車に乗った男たちにナンパされ、なかばレイプのようにして、友人たちは性行為を体験していく。

ある夜、その有名なヤンキーの女子とその友だちが、そうした男たちにナンパされ、ふたりのうちのひとりが車中でなかば無理やりに初めての性行為を体験させられる。そしてそのあと、ふたりで語り手の家にやってきて、体がべとべとするから、風呂を貸してほしいと言った。語り手は何も聞かずに風呂に入れてやった。風呂からあがった友だちのひとりが、ココアを飲みたがった。語り手はそこにマシュマロも入れて、おもいきり甘くしてやった。

このエピソードを、語り手は「ちょっとリアルな感じの話するね」と言いながら語りはじめている。それは語り手のなかでも特に印象的な物語なのだ。語り手はこの、実際に起きた物語を何度も思い出し、その意味について何度も考えたことだろう。そしてこの物語を聞いた聞き手としての私も、その場で非常に感銘を受け、何度もココアという言葉を口にしている。そういうことがあったんですね、としか言えなかったのだが、とにかくそういうことがあったのだということを、なんとか語り手と共有しようとしたのだ。

語りのなかで、クラスメートのヤンキーの生徒たちの日常が描かれているが、勇ましいのぼりを抱えて自転車で沖縄自動車道(高速道路)を逆走する話など、どれもたくましく、自由で、ユーモラスでさえある。ポール・ウィリスが述べたように、不良少年少女たちは、抑圧的で閉鎖的な、息苦しい教室空間を、なんとかして楽しい、張り合いのある、自分たちにとって意味のあるものにしようと作りかえる。グレる、ということは、要するに、学校を作りかえることである。大人たちのルールが支配する空間を、自分たちのルールで書き換えることなのだ。

そうした自由はやがて皮肉なことに、まさにウィリスも描いたとおり、自分たちにとっては過酷な結末をもたらす。特にその過酷さは、男性たちの性暴力を通じて、少女たちに重くのしかかっていった。

しかし語り手は、そうしたクラスメートたちを「かわいそう」だとは一度も表現しなかった。他の語りの場所でも、彼女はそれに類する表現を一度も使っていない。

ココアのエピソードは、少女たちがすすんでおこなったこと、たくましく現実をつくり変えていったことの果てに現れた、女性であることの過酷さの物語である。これは、そのような地域で女であることの、どうしようもないしんどさの物語なのだ。

この物語は、私たちが自分からすすんでおこなったことの結果を、どのくらい引き受けなければならないかという問題に関係している。そしておそらく、弱者やマイノリティ、あるいは『他者』という存在は、通常であれば引き受けなくてもよいような責任を引き受けさせられるような状況にある、ということを、ココアの語りは物語っている。

少女たちはかわいそうな被害者でもないし、自由でたくましい抵抗者なのでもない。現実のしんどさはおそらく、そのあいだのどこかにある。そしてそのしんどさは、それとして表現されないことも多い。しんどさの経験とその表現は、生活の実践的な文脈のなかで経験され、表現される。なにかの出来事が起きた夜、友人の家で、温かいシャワーと温かいココアを欲しがったひとりの女子中学生のしんどさを、私たちは直接理解し共感することはできない。しかし、それでもそうしたことが実際にあったということ、そして語り手が何も聞かずにシャワーとココアを提供したということ、そしてそれを二五年以上経ったいまでも覚えていて、聞き手である私に語ったということ、そして今度は私が書き手となってこの物語を書いて、そしていまこれを読んでいる読み手に何かを伝えようとしている。こういうことをすべて含んだ何かが、「理解する」ということなのだと思う。

タバコの物語は、過酷な状況でもひとは喜びや楽しみを見つけるということを私たちに伝える。ココアの物語は、自由で主体的な生活のなかにも「若い女であること」のしんどさが存在し、そしてそれは本人によっても言葉で表現されるとは限らないことを、私たちに伝える。

私たちは語りを聞き取ることで、ある行為や状況について、実際にどうであったかについての知識を得ることができる。それは複雑で、豊かで、予想を裏切るものでありうる。他方で同時に、私たちは私たちを取り巻く歴史や構造が、いかに過酷で冷酷なものになりうるかを知っている。もしこのふたつのあいだに矛盾が生じた場合にどうすればよいのか。そのような場合でも、私たちは個人の語りを世界から切り離す必要もないし、歴史や構造の過酷さの評価を下げる必要もない。なぜならこのふたつを結びつける媒介項としての「人間に関する理論」に変更を加えることで、私たちはマクロな歴史と構造の過酷さと、ミクロな個人の行為における創造性や主体性を、矛盾なく解釈することができるのだ。

質的社会学にもしなんらかの意味があるとすればこの点においてである。私たちの人生は、再現不可能な一回限りの状況における、再現不可能な一回限りの行為や選択の連続である。こうした状況や行為をひたすら観察し記録することに意味があるとすれば、それはそれらの状況や行為がすべて、なんらかのかたちで「人間に関する理論」を豊かにしてくれるからである。

「人間に関する理論」とは何か。それは、そのような状況であればそのような行為をおこなうことも無理はない、ということの「理解」の集まりであり、あるいはまた、そのような状況でなされたそのような行為にどれほどの責任があるだろうか、ということを考えなおさせるような「理解」の集まりである。この理論は、輻輳し互いに矛盾する多数の仮説を縮減しない。むしろそれは、もっと多くの仮説を増やそうとする。互いに矛盾する仮説のどちらかを採用し他方を棄却するのではなく、まるで実物大の地図を描こうとするかのように、私たちは矛盾する仮説を最大限に増幅しようとする。この理論によって得られるのは、たとえば、過酷な状況のなかでも人びとは楽しく生きることが可能であるということ、そしてそのような生が可能だからといって、その状況の過酷さを減ずる必要はまったくないという「理解」である。

主体的で意図的な行為をおこなっているからといって、その状況の責任全体を負わなければならないということはない。主体性と行為責任との一対一の関係付けをやめ、私たちは状況が、あるいは歴史と構造がもつ「意味」を、社会的な場において討議していくことができる。ある場合はそこに責任が発生し、ある場合にはそれは縮減されるだろう。要するに私たちは、人間に関する理論を最大限まで複雑化しなければならないのだ。

基本的にはこの世界には意味はない。私たちがある戦争に巻き込まれてしまうことにも、ある階層に生まれついてしまうのも、あるいは「男」や「女」であることについても、どれも無意味に決められている。私たちの絶対的な外部で連鎖している無限の因果関係の流れのなかに、私たちはとつぜん放り込まれ、そこで生きろと言われる。

そして、そういう因果のつながりのなかで私たちは、配られた手持ちの資源をなんとか使って必死に生きようとする。意味とはまさに、この「必死で生きようとすること」そのものである。私たちは、なぜ私たちが存在するのかということについては理解することはできない。しかし、そうした理解できない世界のなかで、どうやって必死に毎日を生き延びているかについては、お互いに理解することができる。

私たちは人間についての理論をつくりあげようとするのだが、その作業に終わりはない。それは無限に続く。社会学者にできることがあるとすればそれは、それぞれ一回限りの歴史と構造のなかで、その状況において行為者たちはこの行為を選択したのだという事例の報告を、無限に繰り返すことだろう。

初出一覧

●マンゴーと手榴弾――語りが生まれる瞬間の長さ
「マンゴーと手榴弾――語りが生まれる瞬間の長さ」『現代思想』44(1)、青土社、二〇一六を修正

●鉤括弧を外すこと――ポスト構築主義社会学の方法
「鉤括弧を外すこと――ポスト社会構築主義社会学の方法論のために」『現代思想』43(11)、青土社、二〇一五を改題・修正

●海の小麦粉――語りにおける複数の時間
「海の小麦粉――語りにおける複数の時間」『現代思想』45(6)、青土社、二〇一七を修正

●プリンとクワガタ――実在への回路としてのディテール
「プリンとクワガタ――質的調査における断片的なディテールについて」『現代思想』45(20)、青土社、二〇一七を改題・修正

●沖縄の語り方を変える――実在への信念
「沖縄の語り方を変える」『社会学評論』67(4)、四六六‐四八一、二〇一六を改題・修正

●調整と介入――社会調査の社会的な正しさ
「量的調査のブラックボックス」『社会と調査』15号、六〇‐七三、二〇一五を改題・加筆修正

●爆音のもとで暮らす――選択と責任について
「爆音のもとで暮らす――選択と責任について」『シノドス』二〇一五 (https://synodos.jp/politics/15166) を修正

●タバコとココア――「人間に関する理論」のために
「タバコとココア――「人間に関する理論」のために」『atプラス』28号、太田出版、二〇一六を修正

著者略歴

1967年生まれ。京都大学大学院文学研究科教授。

大阪市立大学大学院文学研究科博士課程単位取得退学。博士（文学）。専攻は社会学。著書に『同化と他者化――戦後沖縄の本土就職者たち』（ナカニシヤ出版、2013年）、『街の人生』（勁草書房、2014年）、『断片的なものの社会学』（朝日出版社、2015年）、『質的社会調査の方法――他者の合理性の理解社会学』（石岡丈昇・丸山里美と共著、有斐閣、2016年）、『ビニール傘』（新潮社、2017年）、『はじめての沖縄』（新曜社、2018年）、『社会学はどこから来てどこへ行くのか』（北田暁大・筒井淳也・稲葉振一郎と共著、有斐閣、2018年）、『図書室』（新潮社、2019年）、『地元を生きる――沖縄的共同性の社会学』（打越正行・上原健太郎・上間陽子と共著、ナカニシヤ出版、2020年）、『100分de名著 ブルデュー「ディスタンクシオン」』（NHK出版、2020年）、『大阪』（柴崎友香と共著、河出書房新社、2021年）、『リリアン』（新潮社、2021年）、『東京の生活史』（編著、筑摩書房、2021年）、『生活史論集』（編著、ナカニシヤ出版、2022年）、『沖縄の生活史』（石原昌家と監修、沖縄タイムス社編、2023年）、『所有とは何か』（梶谷懐と編著、中央公論新社、2023年）など。

マンゴーと手榴弾
生活史の理論　　けいそうブックス

2018年10月20日　第１版第１刷発行
2023年10月５日　第１版第４刷発行

著 者　岸《きし》　政《まさ》　彦《ひこ》

発行者　井　村　寿　人

発行所　株式会社　勁《けい》　草《そう》　書　房

112-0005 東京都文京区水道2-1-1　振替 00150-2-175253
（編集）電話 03-3815-5277／FAX 03-3814-6968
（営業）電話 03-3814-6861／FAX 03-3814-6854
堀内印刷所・松岳社

ISBN978-4-326-65414-7　Printed in Japan